主　编　賀聖遂　錢振民
學術顧問　陳先行

上海歷代著述總目·晚清新學著述卷（下）

欒曉明　著

復旦大學出版社

（二）國外

麥都思（一七九六—一八五七）

Walter Henry Medhurst，諱華陀，字顯理，自號墨海老人〔一〕。英京倫敦人也。幼即入塾讀書，頭角嶄然，異於常兒。十五歲，習裝印書籍事，得值以贍父兄，後入耶穌教。弱冠時，勵志劬書，學日益進，乃思東方之人未聞聖道，於是慨然有遠離故土，傳道異鄉之志矣。丁丑年（一八一七）夏，航海西來。明年春，至印度之麻打拉薩。居數月，納聘娶妻，即抵麻剌甲，時米憐維琳（William Milne）設教其地，院中翻印書史，麥君爲之贊襄其事焉。己卯（一八一九），米憐至粵東，麥君代其職。庚辰，教士赫德曼從英來，督理印書諸事，以代麥君，乃遷於檳榔島居焉。道光乙未（一八三五），麥君旅處海隅，歷年已久，思中土内境尚有未聞耶穌聖教者，故於是年至粵東，偕其友士底芬至山東靖海等處，繼至上海，分書傳教，道從浙之舟山、普陀而抵粵東，繼回瓜哇島。癸卯（一八四三），英與中國定和約，許在五口通商設教，麥君乃至香港，即詣上海。既至，留意方言，以土白譯諸書，創立墨海書館，以鉛字裝板，以機捩印書，事速功倍。於城建禮拜堂，

〔一〕筆名「尚德者、尚德、善德者」，見《1877年版大英博物館館藏中文刻本、寫本、繪本目録》「MEDHURST（Walter Henry）」條。另參見俞强《尚德者和他的早期中文著作》，載陶飛亞、楊衛華編《漢語文獻與中國基督教研究》，上海大學出版社，二〇一六年。

又往鄉里傳教，自朝至日昃，不遑暇逸。甲辰（一八四四），作《華英套語解》，選華之套語，以英文譯之，俾學華言者知所入門焉。乙巳（一八四五），至安徽、浮梁，作《耶穌教略》，言真道之興，始於上古。於咸豐辛亥，重加釐訂，增入猶太挑筋教一碑。丙午（一八四六），作《真理通道》，略載會堂中講論之語。又作《馬太傳福音注》，又以英語譯《書經》，華文與英文並列。時通人名士，間與西人游，互相討究，因言《新舊約書》前賢所譯者多詞不能達意、理不能愜心，有未臻美善之憾。故會中集議，於五口傳教士中，每一處簡聰慧才幹、深明華文、熟諳聖經者，以備同譯是書。於是上海則舉麥君及文君，粤東則舉裨君，廈門則舉施君，寧波則舉婁君，廣延中國文士，與之參互考訂。譯書時，婁君自滬至寧，爲海盜所殺，後乃舉美魏茶代之，以相助理。麥君之譯書也，其用心專、其致力勤，孜孜矻矻，學日精進，深知言之無文，不足傳播於遠。而前譯之《約書》，參以猶太、希臘二國之文，又稍有未協。蓋《舊約》原文爲猶太字，《新約》原文爲希臘字，非詳究此二者，不足以譯書也。計於丁未年（一八四七），會集數君，重譯《新約》，至庚戌（一八五〇）春杪而始成，凡三歷寒暑，遂爲今之定本。丁未，以英文作一書，論中國拜事上帝之禮，旁搜經史，證以他書。戊申（一八四八），以英文作一書，論中國自古以來所崇禮拜禱、至尊無對者，考諸經史，稱以何名。又作《英華語彙》，以英語爲主，譯以華文，與前所作《華英語彙》互相發明，共二巨册。己酉（一八四九），以英文作《游皖記》，凡足跡所經，纖悉備載。又以英文譯《海島逸志》及《農政全書》蠶桑之事，各一册。庚戌（一八五〇）夏，同施、美二君翻譯《舊約》，迄咸豐壬子（一八五二）冬，始得竣事。按《新舊約書》之成，前後共閱六載。麥君又於公餘之暇，以英文譯《上海縣志》，撮其要略，簡而不煩。甲寅

（一八五四），作《官白新約》《官白福音廣訓》，皆已鐫版行世。又撰《官白詩篇》，尚未繡梓。以會堂講授之時，來聽者多四方之彦，非用官白，則不能盡解也。乙卯（一八五五），作《保羅達羅馬》《哥林多書注解》，詞旨明暢，嘉惠後學不淺。其餘著述尚夥，不能縷載。所撰之書多闡發奥義，啓導人心，有裨于聖道甚鉅，教中視之若干城，同會内仰之如山斗。至東方者，當以麥君爲巨擘焉。丙辰（一八五六）八月回英，十二月抵英京倫敦，即以疾終於正寢。（《麥都思行略》載《六合叢談》第四號）

約翰書　一册　**英國麥都思譯**

道光二十七年（一八四七）江蘇省松江府上海縣墨海書館藏版（偉目）

英經會[一]

天帝宗旨論　一册　**博愛者纂**

道光二十八年（一八四八）重鐫[二]　墨海書館（偉目、徐基）

[一] 見游汝傑《西洋傳教士漢語方言學著作書目考述》：「90葉，倫敦 bible house library 藏抄本，闕 71—74 葉。這是最早的聖經方言漢字譯本。」

[二] 張偉《晚清民國石印業的發端與拓展——以上海爲中心》：「（這是一本）難得一見的集雕印、鉛印和石印爲一體的混合套印本。」

上圖

天地人論　一册　**英國麥都思**

道光三十年（一八五〇）（偉目）

大英博物館

舊約全書　一册　**英國麥都思**

耶穌降世一千八百五十四年（一八五四）江蘇松江上海墨海書館印（偉目、徐基、總目）

上圖　北大

宗主詩章　一册　**By W. H. M.**

咸豐五年（一八五五）刊本（偉目）

大英博物館

耶穌教略　一册　**By W. H. M.**

咸豐五年（一八五五）活字本（偉目）

使徒保羅達羅馬人書　一册　**麥都思、王韜譯**

咸豐七年（一八五七）墨海書館鉛印本（偉目、總目）

國圖

使徒保羅達哥林多人前書（一題哥林多書注解）〔一〕　一册　**麥都思、王韜譯**〔二〕

耶穌降世一千八百五十八年（一八五八）上海墨海書館印（偉目、徐基、總目）

國圖　美國哈佛燕京

新約全書　一册　**英國麥都思譯**

耶穌降世一千八百五十九年（一八五九）上海墨海書館印（徐基、總目）

國圖　上圖

〔一〕 版心鐫「新約全書注解」。

〔二〕 據中國國家圖書館著録。

未見二十五種詳附表： 聖教要理、祈禱式文、雜篇、真理通道、論上帝差子救世、講自家個好處靠弗著、講上帝告訴人們知識、耶穌降世傳、馬太傳福音注、講上帝差兒子救世界上人、講頭一個祖宗作惡、十條誡論、祈禱式文釋句、人所當求之福、救世主只耶穌一人、人不信耶穌之故、失羊歸牧、君子終日爲善、歲終自察行爲、悔罪祈求之事、惡者不得入天國、祈禱上帝之理、善者受難獲益、善者考終命、死至猝不及備

文惠廉（一八一一—一八六四）

William Jones Boone，美國人。聖公會教士。主教文公乃美國遣駐中國之第四主教也。當弱冠之年，肄業于有名之大書院，經史百家，無不研究功深。其爲人也謙恭敦和，成于天性，且甘心淡泊，絶意世榮，步先父之矩矱，爲救主之忠徒。于是航海來華，勇于傳教，時以聖道誨人，諄諄不倦。公首在武漢傳道，繼莅滬西之聖約翰書院爲會牧，教授聖職童生，循循善誘，及門瞻仰，有不禁共嘆其高美者。自升主教後，專以振興公會爲懷，受摯殷勤，不遺餘力，至其所創善舉，如蕪湖、宜昌、沙市等處創立會堂，滬北則建同仁婦兒醫院，滬西萬航渡則創育嬰堂、施診局，武昌則設女醫院，太倉劉河則立講堂、施醫局。凡兹設施，獨能盡心竭力，調護維持。公之潛心著作亦甚繁多，如繼譯《聖會史紀朞月主日全書》二卷、《信經闡義》《禱文牖啓》《聖詩注解》《禱文總志》《大道真源》《性理論》《以馬内利救世真理》，或爲建立教友之信德，或爲訓誨童生所急需，勉著述于餘閑，擴聖教于今後，則可見一斑矣。（《文惠廉傳》載《中國教會新報》一八六八年十二期，《聖公會主教文公惠廉誄文》載《畫圖新報》一八九一年第十一卷第十期）

馬太傳福音書　一册　**美國文惠廉**

道光三十年（一八五〇）上海方言譯本（偉目）

哈佛燕京

約翰福音　一册　**文惠廉**

咸豐十一年（一八六一）上海方言本（偉目）

英經會

四福音書　四册　**J. W. Boone 修訂**

同治十年（一八七一）大美國聖經會重印〔一〕

英經會

未見七種詳附表：進教要理問答三卷、聖教幼學、教子有方、常年早禱、聖會禱、馬可傳福音書、使徒保羅達羅馬人書

〔一〕　其中《馬太》《約翰》爲一八六一年，《馬可》爲一八六三年，《路加》爲一八五六年。

施敦力約翰（一八一〇—一八八八）

John Stronach，英國人。倫敦會教士。一八三八年抵新加坡。一八四四年同其兄亞歷山大施敦力來華，在廈門傳教。一八四七—一八五〇年在上海傳教，初參加翻譯《新約》委員會，旋退出。一八五二年與另外兩個英國教士發表了《舊約》中文譯本。一八七八年退休。（中國社會科學院近代史研究所翻譯室《近代來華外國人名辭典》）

未見一種詳附表：福音要言

美魏茶（一八一五—一八六三）

William Charles Milne，英國人。在蘇格蘭阿伯丁大學畢業後，和理雅各同被倫敦佈道會派來中國傳教。一八三九年抵澳門，與麥都思同爲翻譯新約委員會倫敦會代表。旋退出，與裨治文、文惠廉等翻譯《舊約》爲漢文。一八五四年回英，一八五六年脱離教會。一八五八年再度來華，任英國駐福州領事館翻譯。一八六一年英國在北京建立使館後，被任爲使館漢文副使，充使館翻譯學生教習。死於北京。著有《在華生活》〔一〕（中國社

〔一〕 Life in China，1857。

會科學院近代史研究所翻譯室《近代來華外國人名辭典》）

長遠兩友相論　一册　**英國美魏茶**

咸豐元年（一八五一）墨海書館（偉目）

牛津波德來

未見四種詳附表：馬太傳福音書、福音廣訓、真道入門、警惡箴言

戴查士

Rev. Charles Taylor, M. D，美國人。監理會教士。約一八四八—一八五三年之間在滬。（偉烈亞力《一八六七年以前來華基督教傳教士列傳及著作目録》）

未見三種詳附表：真神十誡、要理問答、要理必讀

賈本德

Solomon Carpenter，美國人。安息日浸禮會教士。一八四七年來華，在上海組織傳教工作，一八七三

年因病辭職回美。（中國社會科學院近代史研究所翻譯室《近代來華外國人名辭典》）

未見二種詳附表：聖會要理問答、證據守安息日

偉烈亞力（一八一五—一八八七）

Alexander Wylie，英國人。倫敦會、大英聖書公會教士。道光二十七年（一八四七），越八萬里航海而來，寓居上海北門外租界，開墨海書館〔一〕。日與華人相討論，熟習中國語言文字，精於算學。初撰《數學啓蒙》二卷，專詳筆算，起加減乘除諸分比例，至開諸乘方對數而止，附十進對數表於末。咸豐三年（一八五三）刊行。時與海寧李京卿善蘭相善，共譯西書，成《幾何原本》後九卷。又《代微積拾級》十八卷，九年（一八五九）四月墨海書館刊行。又《談天》十八卷，九年（一八五九）冬自刊之。同治改元後，乃以年老歸國〔二〕。至今西士譯書者，皆推亞力爲首焉。（諸可寶《疇人傳》三編卷七、汪曉勤《偉烈亞力的學

〔一〕按，墨海書館由麥都思一手創立與管理，一八四七年偉烈亞力以墨海書館主管（Superintendent）的身份到職，然其非傳教士的印工（printer）地位仍然低於麥都思（按立的傳教士）。參見蘇精《初期的墨海書館（1843—1847）》。

〔二〕其私人藏書七百十八册西文書籍和一千零二十三册中文書籍於一八六九年四月爲上海亞洲文會購進，見 The North-China Branch of the Royal Asiatic Society［N］. *North-China Herald*. 1873 - 10 - 30. 轉引自王毅《亞洲文會圖書館考略》載《圖書館理論與實踐》，二〇〇六年第四期。

術生涯》載《中國科技史料》第二十卷第一期、胡優靜《英國漢學家偉烈亞力的生平與著作目録》載閻純德主編《漢學研究》第九集）

數學啓蒙二卷附對數表　一册　**英國偉烈亞力撰**

咸豐三年（一八五三）江蘇松江上海墨海書館印（偉目、書録）

上圖

幾何原本十五卷　八册　**泰西利瑪竇口譯　吴淞徐光啓筆受**〔一〕　**英國偉烈亞力口譯　海寧李善蘭筆受**〔二〕

同治四年（一八六五）夏月刻於金陵〔三〕（偉目）

〔一〕卷一至卷六。
〔二〕卷七至卷十五。
〔三〕原刻本爲咸豐七年（一八五七）松江韓應陛刻本，張文虎《幾何原本序》（代曾文正公）：「咸豐間，海寧李壬叔始與西士偉烈亞力續譯其後九卷，復爲之訂其舛誤，此書遂爲完帙。松江韓中翰嘗刻之印行，無幾而板燬於寇。壬叔從余安慶軍中，以是書眎余曰：此算學家不可少之書失，今不刻行，復絶矣。」今上海圖書館藏有此韓刻本，扉頁印有「第一次印刷六十七部」。

上圖

重學淺説一卷　一册　**英國偉烈亞力原譯　長洲王韜紫詮筆著**

咸豐八年（一八五八）四月滬上墨海書館活板印（偉目）

南圖

代數學十三卷首一卷　四册　**英國棣麼甘撰　英國偉烈亞力口譯　海寧李善蘭筆受**

咸豐己未（一八五九）仲秋上海活字版印（偉目、書録）

蘇州大學　南圖　浙江

代微積拾級十八卷　三册　**米利堅羅密士撰　英國偉烈亞力口譯　海寧李善蘭筆述**

咸豐己未（一八五九）孟夏之月墨海刊行（偉目、書録、總目）

國圖　上圖　復旦　華東師大　蘇州大學

談天　三册　**英國侯失勒著　英國偉烈亞力譯　李善蘭筆述**

咸豐九年（一八五九）墨海書館鉛印本（偉目、書録、答問、總目）

國圖　復旦

汽機發軔九卷　四册　**英國美以納、英國白勞那合撰　英國偉烈口譯　無錫徐壽筆述**

同治十年（一八七一）江南製造總局鋟板（事略、書録、答問、陳目）

國圖　上圖　復旦

西國天學源流一卷　一册　**英國偉烈亞力口譯　長洲王韜仲弢著**

光緒十五年（一八八九）甫里逸民刊於淞北寄廬　西學輯存六種（書録）

復旦　華東師大　北師大

華英通商事略一卷　一册　**英國偉烈亞力口譯　長洲王韜仲弢著**

光緒庚寅（一八九〇）仲春淞北逸民校刊　西學輯存六種（書録）

復旦　華東師大　北師大

未見三種詳附表：甲乙二友論述、吾主耶穌基督新遺詔書、分光求原。

慕維廉（一八二二—一九〇〇）

William Muirhead，英國人。倫敦會教士。少潛心於律學而意專在信主耶穌基督，志在傳道。一日，見麥先生所著《寓華傳道》一書，即毅然以來華傳道自任。遂入倫敦書院，研究聖經及臘丁、希利尼諸文，一八四七年四月辭家航海，八月抵上海，住麥家圈，學習中國語言文字。明年，偕麥先生、陸醫生至青浦講道，爲船匠攢毆，幾瀕於死。旋回滬設學塾，培植華子弟，於造就傳道人才而外，通商妙選亦復霞蔚雲蒸。更傳道於四鄉，信從者甚衆。一八五七年，又偕楊格非先生往蘇州宣揚福音，時值太平天國運動，蘇人以間諜疑先生，群相仇視。明年又偕楊先生往清江浦沿途宣教，艱苦備嘗。一八六〇年，先生兼掌上海英國禮拜堂事。一八六六年，復傳道於燕臺、天津、牛莊等處，旋至京師，寓艾約瑟先生宅，繼乃同往蒙古。及返滬，總理倫敦會教務兼理英國聖經會，著譯各種書籍。壽終滬寓，葬於法租界八仙橋西。（畢德恒《倫敦會教師慕維廉先生事略》載《萬國公報》一九〇〇年第一百四十二期、沈毓桂《慕維廉先生小傳》載《萬國公報》一九〇〇年第一百四十四期）

地理全志二卷　二册　**大英慕維廉輯譯**

咸豐癸丑年（一八五三）仲春月江蘇松江上海墨海書館印（書録、答問、雷目、總目）

上圖　復旦

大英國志八卷附續刻　二册　**英國慕維廉譯**

耶穌降世一千八百五十六年（一八五六）江蘇松江上海墨海書院刊（書録、答問、總目）

國圖　復旦　南師大　北大　美國哈佛燕京

新約　二册　**慕維廉譯**

光緒五年（一八七九）宗教小書出版會

英經會

舊約詩篇　一册　**英國慕維廉**

光緒八年（一八八二）上海方言本

美國哈佛燕京　英經會

古聖任罪　一册　**慕維廉著**

光緒十年（一八八四）中國聖教書局（雷目）

東海大學

知識五門一卷　一册　**英國慕維廉著　益智書會校訂**

光緒十三年（一八八七）新鐫　益智書會刻本（書録、益智、雷目）

上圖　首都

天人對參　一册　**大英慕維廉著**

大清光緒十四年（一八八八）新刊　益智書會校訂（雷目）

孔網

格致新機七卷（一題格致新法）　一册　**英國慕維廉著**〔一〕

光緒丁酉年（一八九七）重印　廣學會校訂（書録）

復旦　南大　北大　北師大

耶穌教略　一册　**英國慕維廉撰**

光緒二十五年（一八九九）上海美華書館鉛印本（雷目）

〔一〕沈壽康《格致新機序》：「慕師維廉……曾與余翻譯華文，風雨晦明，一編坐對。」

未見二十七種詳附表：行客經歷傳、格物窮理問答、教會問答、來就耶穌、天教正略、天佛論衡、救靈先路、天理十三條、天教超儒論、十布道文、總論耶穌之道、贊主詩歌（一題耶穌讚歌）、至聖指南、天道入門（一題聖教問答）、耶穌要志、耶穌降世傳、耶穌問答、聖書大道、教會聖歌、聖教入門、救世聖歌、真教權衡、耶穌門徒問答、聖教或問、真理尋繹、析疑辨謬、地學舉要

艾約瑟（一八二三—一九〇五）

Rev. Joseph Edkins，B. A.，字迪瑾。英國人。倫敦會教士。通習重學，並精算術。道光季年，寓居上海租界，熟諳中國語言文字。咸豐初，海寧李善蘭續徐光啓之業，補譯《幾何原本》後九卷，因博訪西士，亦與相識，乃共譯胡氏《重學》十七卷。約瑟以胡書言流質重學未詳備，專集論略得三卷附益之，共成二十卷。又集《圜錐曲綫説》三卷，亦譯附而行。譯既卒業，初爲金山錢熙輔刊行，今所傳則京卿重刻本也。約瑟又識烏程張福僖、南滙張文虎、金山顧觀光，並爲算友。四年，由善蘭、福僖處得見錢塘戴煦著述，大歎服，轉譯之，寄入彼國算學公會中。專至杭州，贄所刻《代微積拾級》等書踵門求見，處士以故辭，乃失望返。五年，仍居上海。善蘭、文虎、觀光三人者皆體肥，約瑟嘗曰：「吾西國爲算學者多瘦，君輩何獨不爾？」文虎因有詩自嘲解焉。初，善蘭又與其國人韋廉臣共譯《植物學》，但得前七卷，未卒業，韋病歸國，

約瑟亦爲續成第八卷云。（諸可寶《疇人傳》三編卷七〔二〕）

光論一卷　一册　**英國艾約瑟、張福僖譯**

光緒二十一年（一八九五）〔三〕元和江氏湖南使院　靈鶼閣叢書本（書録）

華東師大　北大

釋教正謬　一册　**英國艾約瑟迪謹〔三〕氏著**

咸豐七年（一八五七）上海刊本（偉目）

山東大學

植物學八卷　一册　**英國韋廉臣輯譯　海寧李善蘭筆述〔四〕**

咸豐丁巳（一八五七）季秋墨海書館開雕（書録、總目）

〔一〕上海《教務雜誌》(Chinese Recorder) 第三十六卷第二百八十二頁上載有他的著作目録。

〔二〕按該書《序》署：「咸豐癸丑艾君約瑟聘予在滬繹天算格致諸書，《光論》此其一種也。歸安張福僖序。」

〔三〕某抄本原文如此。

〔四〕卷八署：「英國艾約瑟續譯，海寧李善蘭筆述」。李善蘭《植物學序》：「《植物學》八卷，前七卷余與韋君廉臣所譯，未卒業，韋君因病反國。其第八卷則與艾君約瑟續成之。」

北大

重學十七卷首一卷 二册 **英國艾約瑟口譯 海寧李善蘭筆述 南匯張文虎覆勘**

咸豐九年（一八五九）松江錢氏活字本（偉目、書録、答問）

上圖 復旦

未見七種詳附表： 咸豐二年十一月初一日日蝕單、孝事天父論、三德論、續釋教正謬、十誡注釋、主禱文注釋、音學

晁德蒞（一八二六—一九〇二）

Angelo Zottoli，字敬莊，洗名歐日羅。意大利人。生長名門，夙具慧質。年十五，試冠童軍，遂入泮焉。十八歲棄俗精修，進聖依納爵會肄業，越五載來華，時道光二十八年（一八四八）也。後二稔，晉司鐸神品，嗣爲超性格致學大教習。年及壯，升任匯院掌院兼管大公學事務，旋調任川南大總鐸，復回徐匯院長任兼任江南總神師兼理譯務。公詩才雋逸，所詠佳什名震意京，屢刊報章，爲歐人士傳誦。曾譯中邦四書五經及古今詩文以拉丁文詞，妙句琳瑯，久已膾炙人口。近十年來，搜羅中邦文集如《佩文韻府》、《經籍

籑詁》、《子史菁華》、《二十世全史》[一]、《圖書集成》，悉按《康熙字典》逐字翻譯，朝夕操觚，手不釋卷。公尤喜培植後進，老而彌篤。（聽秋生《庚子賀晁公敬莊晋鐸後五衮大慶并序》載《善導報》一九一五年第二十四期）

大赦例解一卷附恩赦略説一卷　一册　**極西耶穌會士晁德蒞述**

天主降世一千八百五十三年（一八五三）刻本（徐天）

國圖

敬禮聖母月　一册　**極西耶穌會士晁德蒞譯述**

天主降世一千八百六十二年（一八六二）上洋文藝堂趙氏鐫（徐天）

國圖　北大

博物進階　四册　**晁德蒞**

同治元年（一八六二）抄本

[一] 原文如此，疑爲「二十四全史」。

上海

測量溯委

形性舉隅[一]

天文蠡測

地理豹窺

亘古第三人　一册　**極西耶穌會士晁德蒞譯述**

天主降生一千八百六十四年（一八六四）抄本

上圖

敬禮聖心月　一册　**極西耶穌會士晁德蒞述　同會利範濟、帥維則校**

天主降生一千八百六十五年（一八六五）上海土山灣印書館印（徐天）

上圖

〔一〕另有單册抄本，不署名款。

敬禮若瑟月　一册　**極西耶穌會士晁德蒞述　同會沈則恭、馬乾參訂**

天主降生一千八百六十八年（一八六八）上海慈母堂鉛印本（徐天）

華東師大　北大　人大

取譬訓蒙　三册　**耶穌會士晁德蒞譯述　同會利範濟、沈禮門校**

天主降生一千八百七十年（一八七〇）春上海慈母堂藏板（徐天）

北師大

真教自證一卷　一册　**泰西耶穌會士晁德蒞敬莊氏撰　沈則恭禮門、伏日章亦照、李浩然問漁同校**

同治十一年（一八七二）上海慈母堂藏板（徐天）

國圖　上圖　復旦　澳門大學

教理便蒙一卷　一册　**晁德蒞**

光緒十一年（一八八五）土山灣慈母堂鉛印本

未見一種詳附表：虔禱宗會

孫羅伯（一八一八——一八八六）

Rev. Robert Nelson，美國人。美國聖公會教士。一八五一年來華，在上海傳教，凡三十年。一八八一年返美。死於美國。（偉烈亞力《一八六七年以前來華基督教傳教士列傳及著作目録》、沈壽康《孫羅伯牧師將回美國撰句送行》載《萬國公報》一八八一年第六百二十二期）

未見一種詳附表：舊約書創世紀

裨治文（一八〇一——一八六一）

Elijah Coleman Bridgman，名儀來哲，字高理文，裨治文者其姓氏也〔一〕，自署「樂善者」〔二〕。美國人。

〔一〕梁植《大美聯邦志略》跋。

〔二〕參《一八六七年以前來華基督教傳教士列傳及著作目録》。

一八二六年畢業於安虛斯大學，後入安都活神學院研究神科。一八一〇年，美國公理宗組織美部會，專向國外及旅美之外僑宣傳真理爲宗旨。首先來華之宣教師馬禮遜先生函請美部會派人來粵工作，適值禆牧畢業，即於一八二九年遣之來華襄助馬牧。既受命，即束裝就道，於一八三〇年二月安抵廣州。曾與璧駕醫生創辦博濟醫院，爲中國有醫院之始。於一八四七年北遷上海，抵滬後受聘校訂《聖經》。彼之最大工作，即翻譯《聖經》，禆高譯本爲漢文《聖經》之嚆矢。（《禆治文牧師來華百年慶典》載《興華》一九三〇年第二十七卷第三十四期）

大美聯邦志略　一册　**馬邦畢禮遮邑禆治文撰**

辛酉（一八六一）夏續刻　滬邑墨海書館活字板（偉目、書録、答問、徐樓、總目）

湖南　美國哈佛燕京

新約聖書（一題：新約聖書）　一册　**美國禆治文、美國克陛存合譯**〔一〕

耶穌降世一千八百六十三年（一八六三）蘇松上海美華書局藏板

美國哈佛燕京

〔一〕據《一八六七年以前來華基督教傳教士列傳及著作目録》，《舊約全書》同。

舊約全書　四册　美國裨治文、美國克陛存合譯

癸亥即耶穌降世一千八百六十三年（一八六三）[一]　江蘇滬邑美華書館活字板（偉目）

美國哈佛燕京

耿惠廉

附：耿惠廉師母

Rev. William G. E. Cunnyngham，美國人。約一八五二—一八六一年之間在滬。（偉烈亞力《一八六七年以前來華基督教傳教士列傳及著作目録》）

未見二種詳附表：福音真理問答、蒙養啓明

婁如本

Reuben Lowrie，美國人。長老會教士。約一八五四—一八五九年之間在滬。（偉烈亞力《一八六七年以前來華基督教傳教士列傳及著作目録》）

[一] 其第二册署「辛酉即耶穌降世一千八百六十一年」（一八六一）。

未見三種詳附表：福音小學、三字經、馬太傳福音書注解

吉士（一八二七—一八六二）　附：吉士師母

Cleveland Keith，夫人 Caroline Phebe Tenney，美國人。美國聖公會教士。一八五一—一八五七年、一八五九—一八六二年在上海。（偉烈亞力《一八六七年以前來華基督教傳教士列傳及著作目録》）

使徒行傳　一册　**吉士譯**

咸豐六年（一八五六）大美國聖經會（偉目）

英經會

路加福音　一册　C. Keith 譯

咸豐六年（一八五六）大美國聖經會（偉目〔一〕）

英經會

〔一〕《一八六七年以前來華基督教傳教士列傳及著作目録》著録「路加傳福音書」，爲「上海方言譯本，用羅馬字拼寫印行」。

亨利實録 一册 **美國吉士夫人**

耶穌降世一千八百六十七年歲次丁卯(一八六七)蘇松上海美華書館藏板(偉目、徐基)

美國哈佛燕京

未見二種詳附表: 上海土白入門、蒙童訓

合信(一八一六—一八七三)

Benjamin Hobson,英國人。倫敦會教士。明於醫理,於十三科咸所精究,而尤能以新意變通。在英倫醫院考列超等。後欲行其道於中土,遂至粤東,設院於羊城西關外金利埠,曰惠愛醫館,捨藥施醫,至者甚衆,無不應手奏效,而去求醫者幾於其門如市,户限爲穿,於是合信氏之名遂遍粤東人士之口。在粤時,著有《博物新編》,詞簡意盡,明白曉暢,講格致之學者,必當由此入門,奉爲圭臬。以中國向有銅人明堂圖,辨竅穴之方位,證脈絡之流通,華醫家皆以此爲金科玉律。合信嫌其語焉不詳,掛漏殊多,未足爲法,乃别撰《全體新論》一書,外而筋骸節幹,内而腑臟絡包,無不精詳賅備,洞見要處。潘君仕成特爲之刊入海山仙館叢書中,一時膾炙人口。咸豐六年(一八五六),中外交涉事起,西關之人喜於生釁,選事者集衆舉火遽焚其館,醫書圖畫繪於石版者悉成灰燼。合信避兵至上海,公餘之暇,著書自娱。時金陵管君小異方旅寄鄧尉,西士艾約瑟偶遊其地,一見悦之,載之至滬,偕合信翻譯各書。兩年間著有《西醫略論》,專講瘡

瘍，外科之正宗也；其次有《婦嬰新説》《内科新説》，於後附以西國藥石，亦泰西本草之别行本也。合信自至中國，二十餘年，活人無算，藝術之精，近日罕埒。其爲人謙遜和藹，謹默肫篤，有古君子風。以咸豐九年春，言旋梓里，遊橐中所蓄無贏貲，家居況味蕭然，門可羅雀。旋患牙風，幾毁其半面，而自以藥石治之始愈。顧其腦受病已深，每遇事若有所忘，或無端獨自笑語。同治十二年，以疾終於家。（王韜《英醫合信氏傳》載《弢園文録外編》）

西醫略論　一册　**英國醫士合信氏著　江寧管茂材同撰**

咸豐七年（一八五七）新鐫　江蘇上海仁濟醫館藏板（偉目、歷目、徐基）

上圖　北大　北師大　中山大學

婦嬰新説一卷　一册　**英國醫士合信氏著　江寧管茂材同撰**

咸豐八年（一八五八）新鐫　江蘇上海仁濟醫館藏板〔一〕（偉目、書録、答問、徐基）

上圖　實藤

〔一〕此書牌記頗長，録引於此：「咸豐元年刊《全體新論》，五年刊《博物新編》，七年刊《西醫略論》，八年刊《婦嬰新説》，續刊《内科新説》，板片俱存上海仁濟醫館。如有欲閲者，自備紙墨就板刷印，悉聽其便，本館不取分文。特白。」

内科新説　一册　英國醫士合信氏著　江寧管茂材同撰

咸豐八年新鐫（一八五八）江蘇上海仁濟醫館藏板（偉目、歷目、徐基）

上圖　復旦

約翰聖經釋解　一册　基督弟子合信、慕德氏注略

耶穌降世一千八百七十四年歲次甲戌（一八七四）上海三牌樓聖堂（偉目、徐基〔一〕）

美國哈佛燕京

韋廉臣（一八二九——一八九〇）　附：韋廉臣師母

Alexander Williamson，英國人。倫敦會教士。凡於天文格致一切正學，無不罄其精微。於其國中先儒撰著暨乎朝章國故，俱復窮其奧窔，用能深識卓見，冠絶時流，而發爲文章，下筆千言，不能自已。時而誘掖愚蒙，則如霜鐘警旦，有夢皆醒。先生當我中朝咸豐時傳道東來，僑居滬上、山左，閲數十寒暑。上交不諂，下交不瀆，殊有古君子風，而我之畸人碩士、名公鉅卿慕其才名而樂與晉接者所在多有。（沈毓桂《韋廉臣先生傳》載《匏隱廬文稿》、宜冰《韋廉臣博士》載《道聲》一九三七年第八卷第五期）

〔一〕《徐家匯藏書樓所藏基督教圖書目録初稿》著録爲「一八六七年上海三牌樓禮拜堂鉛印本一册。」

植物學八卷　一册　**英國韋廉臣輯譯　海寧李善蘭筆述**〔一〕

咸豐丁巳（一八五七）季秋墨海書館開雕（偉目、書録、總目）

北大

百獸圖説　一册　**韋門道氏著**〔二〕

光緒八年（一八八二）新鐫　益智書會校訂（益智）

天津

百鳥圖説　一册　**韋廉臣夫人**

光緒八年（一八八二）益智書會本（益智、總目）

國圖　山西

〔一〕卷八署「英國艾約瑟續譯，海寧李善蘭筆述」。李善蘭《植物學序》：「《植物學》八卷，前七卷余與韋君廉臣所譯，未卒業，韋君因病反國。其第八卷則與艾君約瑟續成之。」

〔二〕《益智書會書目》著録爲「韋廉臣夫人」。

治國要務 一册 **韋廉臣譯**

光緒十五年（一八八九）廣學會（雷目）

國圖

未見二種詳附表： 聖經諸聖圖説、動物類編

藍惠廉（一八三一——一八九二）

Rev. James William Lambuth，美國人。監理會牧師。性情誠篤，學識優長，傳道來華，僑居滬瀆者三十餘載，日以著書爲事，無間寒暑。與人交信直不欺，惠愛彌已。一時從而受學者頗衆。無論識與不識，咸欲得其書以爲津筏。立言立德，一身兼之。不獨近今所罕覯，即求之古人中亦不多見者矣。邇時由華而之日本，日人亦復傾心嚮往，薰其德而善良者愈多而先生心尤歉然，日播真道于遐邇。先生真能盡其覺世牖民之識者耶。中曆壬辰四月二日，殁於日本之神户，享年六十有二。（沈毓桂《藍惠廉先生小傳》載《萬國公報》一八九二年第四十一期）

未見三種詳附表：讚美聖詩、真理譬言、舊約新約問答

高第丕（一八二一—一九〇二）　附：高第丕師母

Tarleton Perry Crawford，夫人 Martha Foster Crawford。美國人。美南浸信會教士。一八五二年來華，在上海傳教十二年，發明以注音字母學上海方言的方法。一八六三年調往山東登州傳教，在該地三十餘年。一八九四年脱離美南浸信傳道會，往泰安傳教。一九〇〇年返美。（中國社會科學院近代史研究所翻譯室《近代來華外國人名辭典》）

造洋飯書　一册　**美國高第丕夫人著**

同治五年（一八六六）美華書館（偉目、書録）

孔網

未見六種詳附表：贊神詩、上海土音字寫法、聞見録、三個小姐、聖經事録、佳客問道

倪懷綸（一八二五—一八九八）

Valentin Garnier，字藹爾。一八六九年來華，在上海傳教，一八七九—一八九八年任耶穌會江南教區

主教。死於上海。（The late Monseigneur Valentin Ganier., S.J.載 *The North-China Daily News* 一八九八年八月十六日三版，中國社會科學院近代史研究所翻譯室《近代來華外國人名辭典》）

聖教諭稿 一册 **倪懷綸著**

同治六年（一八六七）刊本

輔仁

客問條答一卷附許太夫人傳略一卷 一册 **倪懷綸撰 李杕譯**

光緒八年（一八八二）上海徐家匯印書館鉛印本（徐天）

國圖 輔仁

道原精萃七種 八册 **倪懷綸彙集**〔一〕

光緒十三年（一八八七）夏上海慈母堂聚珍板（徐天、涵目）

國圖 上圖 華東師大 中山大學

〔一〕 據倪懷綸《道原精萃》序。

萬物真源　極西艾儒略述
天主降生引義二卷　極西耶穌會士艾儒略思及氏撰
天主降生言行紀略八卷　極西艾儒略述
宗徒大事録　耶穌會李杕節譯
聖母傳　耶穌會李杕問漁氏著
宗徒列傳　高一志著　李杕潤飾〔一〕
教皇洪序　李杕翻譯〔二〕

闢眭淺論一卷〔三〕　一册　倪懷綸撰

光緒六年（一八八〇）上海徐匯印書館鉛印本（徐天）

國圖

〔一〕原書卷端無題名，據書前「宗徒列傳序」。
〔二〕原書無題名，倪懷綸《道原精萃》序：「以上皆艾子儒略撰。四、《聖母傳》……五、《宗徒大事録》……六、《諸宗徒列傳》……七、《歷代教皇洪序》。《宗徒列傳》爲高一志原本，餘皆李司鐸杕翻譯西書，坿綴於後。」
〔三〕附「答問新編」後。

金楷理（一八三九—一九一四）

Carl Traugott Kreyer，美國人。出生德國，年輕時隨家移居美國。一八六六年五月被美國浸信傳教差會派到中國，攜夫人赴任寧波。一八六九年接受江南製造局中新設學校教習之職。在江南製造局工作期間翻譯書籍二十三種。約一八七四年辭去教習，任上海道臺通事。光緒九年（一八八〇）三月十一日就任駐德中國使館二等翻譯官。（高田時雄《金楷理傳略》載《日本東方學》第一輯〔一〕）

航海簡法四卷 二册 **英國那麗撰 美國金楷理口譯 懷遠王德均筆述**

同治十年（一八七一）上海江南機器製造總局刊版（事略、書録）

上圖 復旦

克虜伯礮彈造法二卷餅藥造法二篇附圖 三册 **布國軍政局原書 美國金楷理口譯 崇明李鳳苞筆述**

同治十一年（一八七二）江南製造總局鋟板（事略、書録、答問、陳目）

〔一〕金楷理藏書現藏熱那亞奇約索尼東方美術館（Museo d'Arte Orientale「E. Chiossone」）。

國圖　上圖　復旦

克虜伯礮説四卷克虜伯礮操法四卷附克虜伯礮表　二册　**布國軍政局原書　美國金楷理口譯　崇明李鳳苞筆述**

同治十一年（一八七二）江南機器製造總局藏板（事略、書録、答問、陳目）

上圖　復旦

御風要術三卷　二册　**英國白爾特撰　日耳曼金楷理口譯　金匱華蘅芳筆述**

同治十二年（一八七三）江南製造總局鋟板（事略、陳目）

國圖　復旦

西國近事彙編癸酉　四册　**美國金楷理口譯　番禺姚棻筆述**

光緒癸酉年（一八七三）翻譯　上海機器製造局刊印（書録、答問）

國圖　上圖　復旦　華東師大　北大

攻守礮法一卷〔一〕　一册　**布國軍政局原書　美國金楷理口譯　崇明李鳳苞筆述**

光緒元年（一八七五）江南製造總局鋟板（事略、書録、答問、陳目）

國圖　上圖

繪地法原一卷　一册　**美國金楷理口譯　懷遠王德均筆述**

光緒元年（一八七五）江南機器製造總局藏板（事略、書録、答問、陳目）

上圖　復旦

克虜伯礮準心法　二册　**布國軍政局原書　美國金楷理口譯　崇明李鳳苞筆述**

光緒元年（一八七五）江南製造總局鋟板（事略、陳目）

國圖　上圖　北大　清華　首都

〔一〕　附書五種：《克虜伯腰箍礮説》（二十一桑的長礮）、《克虜伯礮架説》（十五桑的船礮）、《克虜伯船礮操法》、《克虜伯礮架説》（十五桑的堡礮）、《克虜伯螺繩礮架説》。

營壘圖説一卷　一册　**比利時國伯里牙芒著　美國金楷理口譯　崇明李鳳苞筆述**

光緒二年（一八七六）江南製造總局鋟板（事略、書録、答問、陳目）

復旦　蘇州大學

兵船礮法六卷　三册　**美國水師書院原書　美國金楷理口譯　嘉興朱恩錫筆述　崇明李鳳苞刪潤**

光緒二年（一八七六）江南製造局刻本（事略、書録、答問、陳目）

國圖　上圖　復旦

喇叭吹法　一册　**美國金楷理口譯　平陵蔡錫齡筆述**

光緒三年（一八七七）〔一〕　上海江南機器製造總局刊版（局記、書録）

上圖

〔一〕按《江南製造局記》，疑有誤，此書《譯書事略》入「尚未譯全」（《喇叭法》，金楷理譯、朱格仁述），當刊於一八八〇年後。

測候叢談四卷　二册　美國金楷理口譯　金匱華蘅芳筆述

光緒三年（一八七七）江南製造總局鋟板（事略、書録、答問、陳目）

上圖　復旦

光學二卷附視學諸器圖説一卷　二册　英國田大里輯　布國金楷理口譯　新陽趙元益筆述

光緒五年（一八七九）江南機器製造總局藏板（事略、書録、答問、局記）

國圖　上圖　復旦　首都　湖南

鍍金四卷（一題電學鍍金）　二册　布國金楷理口譯　無錫徐華封筆述

光緒十年（一八八四）江南機器製造總局藏板　西藝知新續集本（局記、書録）

國圖　上圖　北大　清華　首都

臨陣管見九卷[一]　四册　**布國兵官斯拉弗司撰　布國金楷理口譯　新陽趙元益筆述**

光緒十二年（一八八六）江南製造局刻本（局記、書録、答問、陳目）

上圖　復旦

行海要術四卷　三册　**美國金楷理口譯　崇明李鳳苞筆述**

光緒十六年（一八九〇）江南製造總局鋟板（事略、書録、答問、局記）

國圖　上圖　南大　北大　清華

行軍指要六卷　六册　**英國哈密撰　布國金楷理口譯　新陽趙元益筆述**

光緒辛丑年（一九〇一）刊於上海製造局（事略、經眼、陳目）

國圖　華東師大　北大　清華

〔一〕據王揚宗《江南製造局翻譯書目新考》：此即《譯書事略》「已譯成未刻」之「布奧交戰論」「布法交戰論」。然《譯書事略》中，「布奧交戰論」「布法交戰論」與「行軍指要」總爲「八本」。

萬國公法　美國金楷理口譯　平陵蔡錫齡筆述

寫本

熱那亞[一]

未見七種詳附表：布國兵船操練、美國兵船槍法、電氣鍍金總法、公使指南、熱學、測量儀器説、地説

傅蘭雅（一八三九—一九二八）

John Fryer，英國人。一八六三年赴香港，充聖保魯學校校長，旋充北京同文館教授。一八六五年來滬，任英華書館館長。一八六七年，充上海廣方言館翻譯處主任，歷二十九年之久。間嘗學習漢文，造詣頗深。一八九六年，應開里福尼州大學之聘，任漢文教授，時年五十有七。一九一四年退職，任名譽教授。中國最初之漢文科學書多由傅氏譯述，故傅氏在清末葉頗著聲聞。又聞傅氏一八八七至一八九六年任中國教育社總主筆兼執行委員會主席，所著教育論文和報告科學研究及其他中國社會問題之討論，均蜚聲儒林，而《中國教育指南》及《中某科學專門字典》兩書，尤推名貴之作。綜計傅氏譯成之漢文書籍在一百册以上。當一八八四年時，傅氏開設中國科學書陳列所於漢口路，發行一種科學雜誌。嗣又約友人合資，

[一] 見高田時雄《金楷理傳略》。

設公共圖書館於今之老閘捕房附近，爲華人閲覽及聽講之所。於社會教育頗著勞績。其一生精力大半爲中國社會謀幸福，而提倡科學研究尤令人稱道勿衰焉。（《傅蘭雅在美逝世》載《申報》一九二八年七月六日十五版）

運規約指三卷　一册　**英國白起德輯　英國傅蘭雅口譯　無錫徐建寅筆述**

同治十年（一八七一）江南製造總局鋟板（事略、書録、答問、陳目）

復旦　上圖　美國哈佛燕京

開煤要法十二卷　二册　**英國士密德輯　英國傅蘭雅口譯　懷遠王德均筆述**

同治十年（一八七一）江南機器製造總局藏板（書録、答問、陳目）

上圖　復旦

化學鑑原六卷　四册　**英國韋而司撰　英國傅蘭雅口譯　無錫徐壽筆述**

同治十年（一八七一）江南製造總局鋟板（事略、書録、答問、陳目）

國圖　復旦　華東師大

製火藥法　一册　**英國利稼孫、華得斯輯　英國傅蘭雅口譯　番禺丁樹棠筆述**

同治十年（一八七一）江南製造總局鋟板（事略、書録、答問、陳目）

上圖　復旦

化學分原八卷　二册　**英國蒲陸山撰　英國傅蘭雅口譯　無錫徐建寅筆述**

同治十年（一八七一）江南製造總局鋟板（事略、書録、答問、陳目）

上圖　復旦

防海新論十八卷　六册　**布國希理哈撰　英國傅蘭雅口譯　金匱華蘅芳筆述**

同治十年（一八七一）江南製造總局鋟板（事略、書録、答問、陳目）

上圖　復旦　南大　美國哈佛燕京

水師操練十八卷首一卷附一卷　三册　**英國戰船部原書　英國傅蘭雅口譯　無錫徐建寅筆述**

同治十一年（一八七二）江南機器製造總局藏板（事略、書録、答問、陳目）

上圖　復旦　美國哈佛燕京

器象顯真四卷附圖一卷　三册　**英國白力蓋輯　英國傅蘭雅口譯　無錫徐建寅删述**

同治十一年（一八七二）江南製造總局鋟板（事略、書録、答問、陳目）

上圖　復旦

汽機必以十二卷首一卷附一卷　六册　**英國蒲而捺撰　英國傅蘭雅口譯　無錫徐建寅筆述**

同治十一年（一八七二）江南製造總局鋟板（事略、書録、答問、陳目）

上圖　復旦

代數術二十五卷首一卷　六册　**英國華里司輯　英國傅蘭雅口譯　金匱華蘅芳筆述**

同治十二年（一八七三）[一]　江南製造總局鋟板（事略、經眼、陳目）

國圖　上圖　復旦

冶金録三卷　二册　**美國阿發滿撰　英國傅蘭雅口譯　新陽趙元益筆述**

同治十二年（一八七三）江南製造總局鋟板（事略、書録、答問、陳目）

[一]　按，此書《譯書事略》作「一千八百七十二年」，今據《序》款「同治十二年十月二十日金匱華蘅芳序」改正。

復旦

汽機新制八卷 二册 **英國白爾格撰 英國傅蘭雅口譯 無錫徐建寅筆述**

同治十二年（一八七三）江南製造總局鋟板（事略、書録、答問、陳目）

上圖 復旦

輪船布陣十二卷首一卷圖一卷 二册 **英國賈密倫、英國裴路原書 英國傅蘭雅口譯 無錫徐建寅筆述**

同治十二年（一八七三）江南製造局刻本（事略、書録、經眼、答問）

國圖 復旦 美國哈佛燕京

行軍測繪十卷 二册 **英國連提撰 英國傅蘭雅口譯 新陽趙元益筆述**

同治十二年（一八七三）江南製造總局鋟板（事略、書録、答問、陳目）

國圖 上圖 復旦

海塘輯要十卷　二册　**英國韋根斯撰　英國傅蘭雅口譯、新陽趙元益筆述**

同治十二年（一八七三）江南機器製造總局藏板（事略、書録、答問、陳目）

國圖　上圖　復旦

海道圖説十五卷附長江圖説一卷　十册　**英國金約翰輯　英國傅蘭雅口譯　懷遠王德均筆述**

同治十三年（一八七四）江南製造總局鋟板（事略、書録、陳目）

上圖　復旦

聲學八卷　二册　**英國田大里著　英國傅蘭雅口譯　無錫徐建寅筆述**

同治十三年（一八七四）江南製造總局鋟板（事略、書録、答問、局記）

國圖　上圖　復旦

歷覽英國鐵廠記略（一題歷覽紀略）　一册　**英國傅蘭雅口譯　徐壽述潤**

同治十三年（一八七四）江南製造局刻本（事略、書録、答問）

國圖

微積溯源八卷　六册　**英國華里司輯　英國傅蘭雅口譯　金匱華蘅芳筆述**

光緒元年（一八七五）江南製造總局藏板（事略、書録、答問、陳目）

上圖　復旦　美國哈佛燕京

格林礮操法一卷　一册　**美國前任武官傅蘭克令作　英國傅蘭雅口譯　無錫徐建寅筆述**

光緒元年（一八七五）上海江南機器製造總局刊版（事略、局記）

國圖　上圖

化學鑑原續編二十四卷　六册　**英國蒲陸山撰　英國傅蘭雅口譯　無錫徐壽筆述**

光緒元年（一八七五）江南製造總局鋟板（事略、書録）

國圖　上圖　華東師大

營城揭要二卷　二册　**英國儲意比撰　英國傅蘭雅口譯　無錫徐壽筆述**

光緒二年（一八七六）江南製造總局鋟板（事略、書録、答問、陳目）

上圖　美國哈佛燕京

測地繪圖十一卷附鋅板印圖一卷　四册　英國富路瑪撰　英國傅蘭雅口譯　無錫徐壽筆述

光緒二年（一八七六）江南製造總局録板（事略、書録、答問、陳目）

國圖　上圖　復旦　常州

算式集要四卷　二册　英國哈司韋輯　英國傅蘭雅口譯　元和江衡筆述

光緒三年（一八七七）江南製造總局録板（事略、書録、答問、陳目）

上圖　復旦

西藝知新初集十卷　六册　英國傅蘭雅口譯　無錫徐壽筆述

光緒三年（一八七七）江南機器製造總局藏板（事略、書録、總目）

國圖　上圖　北大　清華　首都

匠誨與規三卷　英國諾格德撰　英國傅蘭雅口譯　無錫徐壽筆述

回特活德鋼礮一卷　英國傅蘭雅口譯　無錫徐壽筆述

造管之法一卷　英國傅蘭雅口譯　無錫徐壽筆述

回熱爐、鎔金類罐一卷　英國傅蘭雅口譯　無錫徐壽筆述

硫强水一卷〔一〕　英國傅蘭雅口譯　無錫徐壽筆述

色相留真一卷　英國傅蘭雅口譯　無錫徐壽筆述

周羃知裁一卷　美國布倫編輯　英國傅蘭雅口譯　無錫徐壽筆述

水衣全論一卷　英國傅蘭雅口譯　無錫徐壽筆述

三角數理十二卷　六册　**英國海麻士輯　英國傅蘭雅口譯　金匱華蘅芳筆述**

光緒四年（一八七八）江南製造總局鋟板（事略、書録、答問、陳目）

上圖　美國哈佛燕京

格致釋器　七册　**英國傅蘭雅輯譯**

光緒四年（一八七八）上海格致書室鉛印本（書録、答問）

國圖　上圖

測候器説（益智）

測繪器（益智）

〔一〕《譯書事略》「已譯成未刻」另有《造硫强水法》一本，金楷理譯、徐建寅述。

化學器（益智）

顯微鏡遠鏡説（益智）

照像器（益智）

重學水學氣學器説（益智）

儒門醫學三卷附一卷　四册　**英國海得蘭撰　英國傅蘭雅口譯　新陽趙元益筆述**

光緒五年（一八七九）江南製造總局鋟板（事略、書録、答問、陳目）

國圖　復旦　西安交通

電學（一題電學大全）　六册　**英國瑙挨德著　英國傅蘭雅口譯　無錫徐建寅筆述**

光緒五年（一八七九）江南機器製造總局藏板（事略、陳目、涵目）

復旦　美國哈佛燕京

數學理九卷附一卷　四册　**英國棣麼甘撰　英國傅蘭雅口譯　新陽趙元益筆述**

光緒五年（一八七九）江南製造總局鋟板（事略、書録、答問、陳目）

國圖　上圖　復旦　首都

井礦工程三卷　二册　**英國白爾捺輯　英國傅蘭雅口譯　新陽趙元益筆述**
光緒五年（一八七九）江南機器製造總局藏板（事略、書録、答問、陳目）
上圖　復旦

西藥大成十卷首一卷　十六册　**英國來拉、海得蘭同撰　英國傅蘭雅口譯　新陽趙元益筆述**
光緒五年（一八七九）江南機器製造總局藏板（事略、書録、答問）
國圖　復旦　華東師大　南大

化學衛生論四卷（一題日用化學）　四册　**英國真司騰撰　英國傅蘭雅口譯**
光緒六年（一八八〇）上海格致書室校訂（書録、答問、益智）
上圖　北大

電氣鍍金略法　一册　**英國華特纂　英國傅蘭雅口譯　臨海周郇筆述**
光緒六年（一八八〇）江南製造總局鋟板（事略、書録、答問、陳目）
上圖　華東師大　南大　北大

電學綱目　一册　**英國田大里輯　英國傅蘭雅口譯　臨海周郇筆述**
光緒七年（一八八一）上海江南機器製造總局刊版（局記、書録、答問）
上圖

化學易知二卷　一册　**英國傅蘭雅著**
光緒七年（一八八一）益智書會（書録、答問、益智）
湖南　新疆

化學鑑原補編六卷附一卷　六册　**英國傅蘭雅口譯　無錫徐壽筆述**
光緒八年（一八八二）江南製造總局鋟板（事略、書録、局記）
國圖　上圖　復旦

格致須知初集八種　八册　**英國傅蘭雅著**
益智書會本（書録）
上圖　天津
天文須知　**英國傅蘭雅著**　光緒十三年（一八八七）新鐫（益智）

地理須知　英國傅蘭雅著　光緒九年（一八八三）新鐫（益智）

地志須知　英國傅蘭雅著　光緒八年（一八八二）新鐫（益智）

地學須知　英國傅蘭雅著　光緒九年（一八八三）新鐫（益智）

算法須知　英國傅蘭雅識[一]　光緒十三年（一八八七）新鐫（益智）

化學須知　英國傅蘭雅輯　光緒十二年（一八八六）新鐫（益智）

氣學須知　英國傅蘭雅著　光緒十二年（一八八六）新鐫（益智）

聲學須知　英國傅蘭雅著　光緒十三年（一八八七）新鐫（益智）

化學考質八卷　六册　**德國富里西尼烏司著　英國傅蘭雅口譯　無錫徐壽筆述**

光緒九年（一八八三）江南製造總局鋟板（書録、答問、局記）

上圖　華東師大　南大　清華

[一]《益智書會書目》：「本書的絶大部分是有名的數學家華若汀爲傅蘭雅所編，華氏現爲武昌自强學堂數學教習。此書採用了西算體系，爲多卷的《格致須知》之一。」

化學求數十五卷附表一卷　十四册　**德國富里西尼烏司著　英國傅蘭雅口譯　無錫徐壽筆述**

光緒九年（一八八三）江南製造總局鋟板（書録、答問、局記）

國圖　華東師大　南大　北大　首都

代數難題解法十六卷　六册　**英國倫德編輯　英國傅蘭雅口譯　金匱華蘅芳筆述**

光緒九年（一八八三）江南製造總局鋟板（事略、書録、答問、陳目）

國圖　上圖　復旦　華東師大　南大

藝器記珠　一册　**英國暮司活德著　英國傅蘭雅譯　無錫徐建寅筆述**

光緒甲申年（一八八四）四月江南製造總局譯刻（事略、書録、答問、陳目）

國圖　清華

西藝知新續集十二卷　八册

光緒十年（一八八四）江南機器製造摠局藏板（局記、書録）

國圖　上圖　北大　清華　首都

垸髹致美一卷　英國傅蘭雅口譯　無錫徐壽筆述

製肥皂法二卷　美國林樂知口譯　海鹽鄭昌棪筆述（事略）

製油燭法一卷　美國林樂知譯　海鹽鄭昌棪述（事略）

鍍金四卷　布國金楷理口譯　無錫徐華封筆述

製造玻璃二卷　英國傅蘭雅口譯　無錫徐壽筆述

鐵船針向一卷[一]　英國傅蘭雅口譯　無錫徐壽筆述

機動圖説一卷　英國傅蘭雅譯　無錫徐壽筆述

寶藏興焉　十六册　**英國費爾奔著　英國傅蘭雅口譯　無錫徐壽筆述**

光緒十年（一八八四）江南製造總局鋟板（事略、書録、答問、局記）

國圖　上圖　華東師大　北師大

[一]　據王揚宗《江南製造局翻譯書目新考》：即《譯書事略》「已譯成未刻」之「造船指南針法」。王文引爲「鐵船指南針法」。

化學材料中西名目表一卷　一册　**江南製造總局編譯**[一]

光緒十年（一八八四）十二月江南製造總局鋟板（書録、答問、局記）

上圖　華東師大　南大　北大

礦石圖説　一册　**英國傅蘭雅著**

光緒十年（一八八四）新鐫（書録、答問、雷目、益智）

上圖

體性圖説　一册　**英國傅蘭雅著**

光緒十一年（一八八五）新鐫（書録）

北大　北師大　孔網

畫形圖説　一册　**英國里察森著**　**英國傅蘭雅譯**

光緒十一年（一八八五）新鐫（書録、答問、涵目、益智）

〔一〕據華東師範大學圖書館著録。

上圖

重學圖説　一册　**英國傅蘭雅著**

光緒十一年（一八八五）新鐫（書録、答問、益智）

上圖

佐治芻言　三册　**英國傅蘭雅口譯　永康應祖錫筆述**

光緒十一年（一八八五）江南製造總局鋟板（局記、書録、答問、陳目）

國圖　上圖　首都　河南大學

行軍鐵路工程二卷　一册　**英國武備工程課則　英國傅蘭雅、六合汪振聲同譯**

光緒十二年（一八八六）江南製造總局鋟板（局記、書録、答問、陳目）

上圖　南大　南師大　北大

電氣鍍鎳　一册　**英國傅蘭雅口譯　無錫徐華封筆述**

光緒十二年（一八八六）江南製造總局鋟板（書録、答問、局記）

上圖　華東師大　南大　北大

英國水師考　二册　**英國管理製造兵船事務巴那比、美國兵船千總克里同撰　英國傅蘭雅、華亭鍾天緯同譯**

光緒丙戌孟穊譯（一八八六）上海機器製造局擺印（局記、書録、答問、陳目）

國圖　上圖

美國水師考　一册　**英國管理製造兵船事務巴那比、美國兵船千總克理同撰　英國傅蘭雅、華亭鍾天緯同譯**

光緒十二年（一八八六）江南製造總局鋟板（局記、書録、答問、陳目）

上圖

西藥大成藥品中西名目表附人名地名兩表　一册　**江南製造總局編譯課編譯**〔一〕

光緒十三年（一八八七）夏四月江南製造總局排印（局記、益智）

華東師大　南大　北大

照像略法　一册　**英國傅蘭雅輯**

光緒十三年（一八八七）格致書室（書録、答問、益智）

上圖

電學圖説　一册　**英國傅蘭雅譯**

光緒十三年（一八八七）新鐫　益智書會校訂（書録、答問、雷目、益智）

上圖

格致須知二集八種　八册　**英國傅蘭雅著**

益智書會本（書録）

〔一〕　據南京大學圖書館著録。

上圖　天津

電學須知　英國傅蘭雅著　光緒十三年（一八八七）新鐫（益智）

量法須知　英國傅蘭雅著　光緒十三年（一八八七）新鐫（益智）

畫器須知　英國傅蘭雅著　光緒十四年（一八八八）新鐫（益智）

代數須知　英國傅蘭雅著　光緒十三年（一八八七）新鐫（益智）

三角須知　英國傅蘭雅著　光緒十四年（一八八八）新鐫（益智）

微積須知　英國傅蘭雅著　光緒十四年（一八八八）新鐫（益智）

曲綫須知　英國傅蘭雅著　光緒十四年（一八八八）新鐫（益智）

重學須知　英國傅蘭雅著　光緒十五年（一八八九）新鐫（益智）

汽機中西名目表（一題中西汽機名目表）　一册　**江南機器製造總局編**〔一〕

光緒十五年（一八八九）江南機器製造總局藏板（書録、答問）

上圖　北大　清華

〔一〕據北京大學圖書館著録。

格致須知三集[一]　八册　傅蘭雅著

益智書會本（書録）

上圖　蘇州大學　北大　人大　天津

力學須知　英國傅蘭雅著　光緒十五年（一八八九）新鐫（益智）

水學須知　英國傅蘭雅著　光緒十七年（一八九一）新鐫

礦學須知　英國傅蘭雅著　光緒十九年（一八九三）新鐫（益智）

全體須知　英國傅蘭雅著　光緒二十年（一八九四）新鐫（益智）

光學須知　英國傅蘭雅著　光緒二十一年（一八九五）新鐫（益智）

富國須知　英國傅蘭雅著　光緒十八年（一八九二）新鐫（益智）

戒禮須知　英國傅蘭雅輯　光緒十二年（一八八六）新鐫（書録、益智）

西禮須知　英國傅蘭雅輯　光緒十二年（一八八六）新鐫（事略、書録、益智）

〔一〕三集子目據艾爾曼《中國近代科學的文化史》。其初集、一集子目與《增版東西學書録》略有不同。艾爾曼《算法須知》列二集，《電學須知》列初集。

鑄錢工藝三卷　二册　**英國傅蘭雅、華亭鍾天緯同譯**

光緒十六年（一八九〇）江南製造局鉛印本（局記、書録）

國圖　上圖　復旦

居宅衛生論一卷　一册　**英國傅蘭雅譯**

光緒十六年（一八九〇）上海格致書室鉛印本（書録、答問、益智）

國圖　山西

光學圖説　一册　**英國傅蘭雅譯**

光緒十六年（一八九〇）新鐫　益智書會校訂（書録、答問、雷目、益智）

北大　清華

水學圖説　一册　**英國傅蘭雅譯**

光緒十六年（一八九〇）新鐫　益智書會校訂（書録、答問、雷目、益智〔一〕）

〔一〕《動水學》《静水學》各一本。

北大　清華　中山大學

熱學圖説　一册　**英國傅蘭雅譯**

光緒十六年（一八九〇）新鐫　益智書會校訂（書録、答問、雷目、益智）

上圖　南開　北大

銀礦指南一卷　一册　**美國亞倫著　英國傅蘭雅口譯　永康應祖錫筆述**

光緒十七年（一八九一）江南製造總局鋟板（書録、答問、局記）

國圖　上圖　復旦

延年益壽論一卷　一册　**英國愛凡司著　英國傅蘭雅譯**

光緒十八年（一八九二）上海格致書室鉛印本（書録、答問、益智）

北大

西國漂染棉布論　一册　**英國傅蘭雅輯**

光緒十八年（一八九二）新鐫　上海格致書室發售（書録、答問、益智）

北大　清華　南開

美國博物大會圖説　一册　**英國傅蘭雅輯**

光緒十八年（一八九二）新鐫　上海格致書室發售（益智）

國圖　美國哈佛燕京

開地道轟藥法三卷附圖一卷　二册　**英國武備工程學堂編定　英國傅蘭雅口譯　六合汪振聲筆述**

光緒十九年（一八九三）江南製造總局錖板（局記、書録、答問、陳目）

上圖　南師大　北師大　北大

孩童衛生編　一册　**英國傅蘭雅譯**

光緒十九年（一八九三）新鐫　上海格致書室發售（書録、答問、益智）

蘇州大學　南開　北大

幼童衛生編　一册　**英國傅蘭雅譯**

光緒二十年（一八九四）上海格致書室鉛印本（書録、益智）

國圖　蘇州大學

考工記要十七卷附圖一卷　八册　**英國瑪體生著　英國傅蘭雅、華亭鍾天緯同譯　六合汪振聲校訂**

光緒二十年（一八九四）江南製造局刻本（書録、答問、局記）

上圖　復旦　華東師大　北大　清華

兵船汽機六卷附一卷　八册　**英國兵船部汽機總管息尼德撰　英國傅蘭雅口譯　金匱華備鈺筆述**

光緒二十年（一八九四）江南機器製造總局藏板（書録、答問、局記）

上圖　華東師大　北大　清華

各國交涉公法論初集四卷二集四卷三集八卷附校勘記并中西紀年　十六册　**英國費利摩羅巴德著　英國傅蘭雅口譯　太倉俞世爵筆述　六合汪振聲校正　吴縣錢國祥覆校**[一]

光緒二十年（一八九四）四月江南製造局翻譯館聚珍板印（事略、書録、答問、陳目）

上圖　復旦　北大

船塢論略一卷　一册　**英國傅蘭雅輯譯　華亭鍾天緯筆述**

光緒二十年（一八九四）江南製造總局鋟板（書録、答問、局記）

上圖　復旦

公法總論一卷　一册　**英國羅柏村著　英國傅蘭雅、六合汪振聲同譯**

光緒二十年（一八九四）[二]　江南製造總局鋟板（書録、答問、陳目）

上圖

[一]《崇明縣志》卷十六：「《各國交涉公法論》十六册　李鳳苞譯。按是書鳳苞與傅蘭雅、俞世爵同譯。」《譯書事略》著録「譯書人」：傅蘭雅，「筆述人」：俞世爵、李鳳苞。

[二]刊刻年月據王揚宗《江南製造局翻譯書目新考》。

考試司機七卷　六册　**英國拖爾那著　英國傅蘭雅口譯　無錫徐華封筆述**

光緒二十一年（一八九五）江南製造總局鋟板（局記）

上圖　復旦

行船免撞章程一卷　一册　**英國傅蘭雅、華亭鍾天緯同譯**

光緒二十一年（一八九五）〔一〕江南機器製造總局藏板（書録、答問、局記）

上圖　復旦

格致書院西學課程：數學課題　一册　**英國傅蘭雅輯**

光緒二十一年乙未（一八九五）新鐫（書録）

北大　南開

植物圖説　一册　**英國傅蘭雅著**

光緒二十一年（一八九五）新鐫　益智書會校訂藏板（書録、答問、涵目、益智）

〔一〕　書後「光緒年乙未七月成書，金匱華備鈺校勘」。

上圖

營工要覽四卷　二册　**英國武備工程課則　英國傅蘭雅、六合汪振聲同譯**

光緒二十二年（一八九六）江南製造總局鋟板（局記、書録、陳目）

上圖

保富述要二卷　二册　**英國布來德著　英國傅蘭雅口譯　無錫徐家寶筆述**

光緒二十二年（一八九六）江南製造總局鋟板（局記、書録、答問）

上圖　南大　北大

治心免病法二卷　一册　**美國烏特亨利著　英國傅蘭雅譯**

光緒二十二年（一八九六）春鐫　上海格致書室發售（書録、答問）

北大　南開

初學衛生編　一册　**英國傅蘭雅譯**

光緒廿二年（一八九六）新鐫　上海格致書室發售（書録、答問、益智）

國圖　孔網

國政貿易相關書二卷　二册　**英國法拉著　英國傅蘭雅口譯　無錫徐家寶筆述**

光緒二十三年（一八九七）江南製造局刻本（局記、陳目）

復旦　南大　北大　清華

氣學叢談[一]　一册　**英國傅蘭雅口譯　金匱華蘅芳筆述**

光緒二十三年（一八九七）上海時務報館石印（事略、書録）

國圖　上圖

決疑數學十卷　四册　**英國傅蘭雅口譯　金匱華蘅芳筆述**

光緒廿三年（一八九七）新鐫　上海格致書室發售（事略、書録）

[一]　王揚宗《江南製造局翻譯書目新考》：「此書即《譯書事略》已譯未刊書目中的《風雨表説》。」

國圖　上圖　常州　陝西

意大里蠶書一卷　一册　**意國丹吐魯著　英國傅蘭雅、英國傅紹蘭口譯　六合汪振聲筆述　新陽趙元益校録**

光緒二十四年（一八九八）江南製造局印（局記）

復旦　北大　中山大學

化學工藝初集四卷二集四卷三集二卷附二卷　十三册　**英國能智著　英國傅蘭雅、六合汪振聲譯　無錫徐華封校**

光緒戊戌（一八九八）秋七月江南製造局擺印（書録、局記）

華東師大　蘇州大學　北大

工程致富論略十三卷　八册　**英國工程會瑪體生著　英國傅蘭雅、華亭鍾天緯同譯**

光緒二十四年（一八九八）江南製造局鉛印本（局記、書録、答問）

上圖　清華　北大　川大

俄國新志八卷　三册　**英國陔勒低撰　英國傅蘭雅口譯　烏程潘松筆述**
光緒二十四年（一八九八）孟夏刊於上海製造總局（局記、經眼、陳目、總目）
上圖　華東師大　南大　北大

法國新志四卷　二册　**英國該勒低輯　英國傅紹蘭口譯　烏程潘松筆述　英國秀耀春、上海范熙庸仝校**
光緒戊戌（一八九八）製造局刊（局記、經眼、書録、陳目）
上圖　復旦　華東師大　南大　北師大

植物須知　一册　**英國傅蘭雅著**
光緒二十四年（一八九八）新鐫　上海格致書室發售
北師大

熱學須知　一册　**英國傅蘭雅著**
光緒二十四年（一八九八）新鐫　上海格致書室發售

北師大

理學須知　一册　**英國傅蘭雅著**

光緒二十四年（一八九八）新鐫　上海格致書室發售（書録）

國圖　上圖　蘇州大學　北大　人大

物體遇熱改易記四卷　二册　**英國瓦特斯輯　英國傅蘭雅口譯　無錫徐壽筆述　新陽趙元益校録**

光緒己亥年（一八九九）刊於江南製造局（事略、書録、局記）

國圖　上圖　華東師大　南大　北大

開礦器法圖説十卷附圖一卷　六册　**美國俺特累著　英國傅蘭雅口譯　上海王樹善筆述**

光緒己亥（一八九九）春月江南製造局詳校石印（歷目、局記、浙目）

國圖　上圖　復旦　美國哈佛燕京

法律醫學二十四卷首一卷　十册　英國該惠連、英國弗里愛同撰　英國傅蘭雅口譯　無錫徐壽、新陽趙元益筆述

光緒己亥年（一八九九）刊於江南製造局（局記、陳目）

國圖　上圖　北大　川大

測繪海圖全法八卷附一卷　六册　英國華爾敦著　英國傅蘭雅口譯　新陽趙元益筆述

光緒己亥年（一八九九）刊於江南製造局（局記、書録）

國圖　華東師大　北大　川大

美國鐵路彙考十三卷　二册　美國柯理集　英國傅蘭雅口譯　烏程潘松筆述

光緒己亥（一八九九）五月江南製造總局鋟板（局記、涵目、總目）

華東師大　北師大

通物電光四卷　一册　美國莫耳登撰　英國傅蘭雅口譯　長洲王季烈筆述

光緒己亥年（一八九九）刊於江南製造局（答問、局記）

復旦　南師大　南大　北大

求礦指南十卷　二册　**英國礦師安德孫撰　英國傅蘭雅、烏程潘松同譯**

光緒己亥（一八九九）五月江南製造總局鋟板（經眼、局記、總目）

北大　清華

算式解法十四卷　二册　**美國好敦司、美國開奈利同著　英國傅蘭雅口譯　金匱華蘅芳筆述**

光緒己亥年（一八九九）刊於江南製造局（局記）

上圖　華東師大　南大　北大

製機理法八卷　四册　**英國覺顯禄斯著　英國傅蘭雅口譯　金匱華備鈺筆述**

光緒己亥年（一八九九）刊於江南製造局（局記）

南大　清華

工藝準繩 六册 **英國傅蘭雅口譯 無錫徐家寶筆述**〔一〕

光緒二十六年（一九〇〇）江南製造局本

上圖

農務要書簡明目録 一册 **英國傅蘭雅口譯 上海王樹善筆述**

光緒辛丑年（一九〇一）刊於上海製造局（局記、總目）

上圖 復旦 浙江

邦交公法新論五卷 一册 **荷蘭佛楷孫撰 英國傅蘭雅口譯 桐城程瞻洛筆述**

光緒二十七年（一九〇一）上海格致書室（總目）

上圖

各國交涉便法論六卷 六册 **英國費利摩羅巴德著 英國傅蘭雅譯 吴縣錢國祥校**

光緒二十八年（一九〇二）江南製造總局鋟板（局記、經眼、陳目）

〔一〕 該書個别章數後有署款。

上圖

鑄金論略六卷　六册　**英國工程家司布勒村著　英國傅蘭雅口譯　六合汪振聲筆述**

光緒壬寅年（一九〇二）刊於江南製造局（局記）

華東師大　南大　北師大

西國陸軍制考略八卷　四册　**英國武備學堂教習都統柯里著　英國傅蘭雅口譯　上海范本禮筆述**

光緒二十八年（一九〇二）江南製造局刊行（局記、書録）

華東師大　浙江

農務化學簡法三卷　一册　**美國固來納撰　英國傅蘭雅口譯　上海王樹善筆述**

光緒癸卯（一九〇三）六月江南製造局刊（局記、總目）

浙江　湖南

西藥大成補編六卷 六册 **英國哈來撰 英國傅蘭雅口譯 新陽趙元益筆述**

光緒甲辰（一九〇四）江南製造局刻（陳目）

上圖 復旦 北大

簡明幾何畫法教科書[一] 一册 **英國白起德輯 傅蘭雅口譯 徐建寅筆述**

光緒三十一年（一九〇五）十二月初版

民目

教育瞽人理法論 一册 **英國傅蘭雅譯**

宣統三年（一九一一）時中書局鉛印本

上圖

合數術十一卷[二] 五册 **英國白爾尼著 英國傅蘭雅譯 華蘅芳述**

抄本（事略、書録）

[一] 封面題「簡明幾何學教科書」。

[二] 王揚宗《江南製造局翻譯書目新考》：「此書《譯述事略》定名作《代數總法》。」

清華

造橡皮法二卷十五章　一册　**傅蘭雅譯　徐壽筆述**

抄本（事略）

上圖

造船全法（一題造船理法）　十册　**英國勒色利著　英國傅蘭雅口譯　無錫徐建寅筆述　新陽趙詒璹校正**

譯稿本（事略）

柏克萊加州[一]

紅格抄本

上圖

炮甲合論（一題炮與鐵甲論）　十册　**傅蘭雅譯　徐建寅述**

稿本（事略）

[一] 王揚宗《江南製造局翻譯書目新考》：「美國伯克利加州大學東亞圖書館藏譯稿本（十册）。」

未見四十二種詳附表：造鐵全法四卷（一題造鐵新法）、試驗鐵煤法、營城要説、海面測繪、海用水雷法、繪畫船綫、攝鐵器説、汽機尺寸、燥濕表説、火藥機器説、石板印法、年代表、石板印法略、數理格致（一題奈端數理）、造汽機等手工、質數證明、西經實物圖説、權量圖説、化學圖説、百蟲圖説、保身衛生編、衛生進階、百魚圖説、動物理學圖説、地勢圖説、天文地理圖説、紡織機器圖説、西畫初學、電氣鍍金、西國名菜嘉花論、西國煉鋼法、泰西本草撮要、電氣鍍鎳、西國造紙法、照像干片法、蠶務圖説、脈表診病論、新式汽機機器、汽機鍋爐圖説、動物須知、飼蠶新法一卷、金石略辨

瑪高温（一八一四—一八九三）

Daniel Jerome MacGowan，美國人。美國浸禮會傳教醫師。一八四三年來華，在寧波傳教施醫。一八六二年回美，在南北戰爭中充軍醫。戰事結束後再度來華，一八七九年中國海關總税務司赫德派任温州海關幫辦兼醫師。死於上海。寫有許多關於中國的文章。（偉烈亞力《一八六七年以前來華基督教傳教士列傳及著作目録》、中國社會科學院近代史研究所翻譯室《近代來華外國人名辭典》）

〔二〕王揚宗《江南製造局翻譯書目新考》：「美國伯克利加州人學東亞圖書館藏譯稿本（十册）。」

金石識別十二卷（一題礦物學手册）　六册　**美國代那撰　美國瑪高温口譯　金匱華蘅芳筆述**

同治十一年（一八七二）江南機器製造總局藏板（事略、書録、答問、陳目）

國圖　復旦　南大

地學淺釋三十八卷　八册　**英國雷俠兒撰　美國瑪高温口譯　金匱華蘅芳筆述**

同治十二年（一八七三）江南機器製造總局藏板（事略、書録、答問、局記、涵目）

國圖　上圖　復旦

未見一種詳附表：飼蠶新法一卷

林樂知（一八三六—一九〇七）〔一〕

Young John Allen，字榮章，號爽目子，美國人。美南監理會教士。少孤，自幼育於叔氏某，撫之如己出。童年岐嶷，不與諸孩伍，頭角嶄然，一若成人，且天性純粹。稍長，承受遺産，入大學校。學業勤奮，冠其曹偶，故得褒賞甚多。於宗教尤爲熱心，且立志播道於國外。一八五八年，膺傳道中國之委派。至一八

〔一〕《林樂知長老行述》：「以主降生一千八百三十六年正月初三日生於美國卓爾基亞邦之布爾克邑。」

五九年冬，毅然挈其夫人赴中國。一八六三年，中國政府爲造就洋務人才計，於京師於廣東皆立同文館，於上海立廣方言館。先生與丁韙良君、霍伯君同受聘分掌之。任廣方言館英文教習，前後成就者，合數十百人。既而教課之外，又兼譯書，專以編譯有用之書、津逮華人爲務。曾於寓齋闢爲林華書院，出售譯本。藉與名流質證，而首屈一指者，尤在《中西關係略論》一編。先生嘗曰：當時所譯，尚有二十四國之歷史。或已成卷帙，或僅存模胡不清之草稿，或爲筆述者所持去，不可復問，以致皆未出版。又譯成萬國地圖一大册，注記詳密，細若牛毛，於時中國無人能雕鐫銅版，由某公使攜至德國付印，至今已不知何往。一八八二年，先生創立中西書院於虹口，爲監院者十餘年。學堂之外，先生又以譯社與報館爲重，故一八八七年，與韋廉臣先生組成一譯社，曰廣學會。著書西儒極多，其所著作，亦皆卓然可傳，但論歷時之久，著作之多，終推公爲首屈一指。公所著之書，由蔡君爾康手述者爲《中東戰紀本末》《九九新論》《李傅相歷聘歐美記》等書，由范君禕手述者爲《人學》《俄國列皇紀略》《美國治法要略》《德國最近進步史》等書，由任君保羅手述者爲《中國政治考略》《中國度支考》《保華全書》《英興記》《俄國政俗通考》《文學興國策》《戰局將來論》《東西教化論衡》《辨忠篇》《路德改教紀略》《麻笛論道探源》《喻道要旨》《安仁車》《自歷明證十三種》《家用禱告文》《五大洲女俗通考全集》等書。《五大洲女俗通考全集》爲公生平最得意之著作。（美國劉樂義撰、吴江任保羅譯《林樂知長老行述》載《萬國公報》一九〇七年第二百二十二期，皕誨《林樂知先生傳》，沈毓桂《美進士林樂知先生傳》，《林樂知先生傳略》載《興華報特刊》一九二四年第二十一卷第一期）

西國近事彙編甲戌　四册　**美國林樂知譯　歷城蔡錫齡述**

同治十三年（一八七四）上海機器製造局刊印（書録、答問）

國圖　上圖　復旦　華東師大　北大

四裔編年表四卷　四册　**美國林樂知、吴縣嚴良勳同譯　崇明李鳳苞彙編**

同治十三年（一八七四）江南製造總局録板（事略、書録、答問、陳目）

國圖　復旦　北師大　北大　美國哈佛燕京

西國近事彙編乙亥　四册　**美國林樂知譯　歷城蔡錫齡述**

光緒元年（一八七五）上海機器製造局刊印（書録、答問）

國圖　上圖　復旦　華東師大　北大

西國近事彙編丙子　四册　**美國林樂知譯　歷城蔡錫齡述**

光緒二年（一八七六）上海機器製造局刊印（書録、答問）

國圖　上圖　復旦　華東師大　北大

中西關係略論四卷　一册　**美國林樂知著**

光緒二年（一八七六）孟秋中浣活字板印（書録、答問）

復旦　北大　南開　美國哈佛燕京

西國近事彙編丁丑　四册　**美國林樂知譯　歷城蔡錫齡述**

光緒三年（一八七七）上海機器製造局刊印（書録、答問）

國圖　上圖　復旦　華東師大　北大

列國歲計政要十二卷　六册　**英國麥丁富得力編纂　美國林樂知口譯　海鹽鄭昌棪筆述**

光緒四年（一八七八）江南製造總局鋟板（事略、書録、答問、陳目）

上圖　復旦

西國近事彙編戊寅　四册　**美國林樂知譯　歷城蔡錫齡述**

光緒四年（一八七八）上海機器製造局刊印（書録、答問）

國圖　上圖　復旦　華東師大　北大

西國近事彙編己卯　四册　**美國林樂知譯　歷城蔡錫齡述**

光緒五年（一八七九）上海機器製造局刊印（書録、答問）

國圖　上圖　復旦　華東師大　北大

水師章程十四卷續編六卷　十六册　**英國水師兵部原書　美國林樂知口譯　海鹽鄭昌棪筆述**

光緒五年（一八七九）江南製造總局鋟板（事略、書録、答問、陳目）

上圖　復旦

耶穌聖教析義　一册　**林樂知、晏瑪太、韋廉臣、楊格非著**

光緒五年（一八七九）中國聖教書局（雷目）

國圖

格致啓蒙四卷　四册　**美國林樂知、海鹽鄭昌棪同譯**

光緒六年（一八八〇）江南機器製造總局藏板（事略、書録）

復旦　浙江　人大　清華

化學　英國化學師羅斯古纂　美國林樂知、海鹽鄭昌棪同譯
格物學　英國格物師司都藿纂　美國林樂知、海鹽鄭昌棪同譯
天文　英國天文師駱克優纂　美國林樂知、海鹽鄭昌棪同譯
地理　英國地理師祁覲纂　美國林樂知、海鹽鄭昌棪同譯

歐洲東方交涉記十二卷　二册　**英國麥高爾輯　美國林樂知口譯　寶山瞿昂來筆述**

光緒六年（一八八〇）江南機器製造總局藏板（局記、陳目）

上圖　復旦

西國近事彙編庚辰　四册　**美國林樂知譯　歷城蔡錫齡述**

光緒六年（一八八〇）上海機器製造局刊印（書録、答問）

國圖　上圖　復旦　華東師大　北大

西國近事彙編辛巳　四册　**美國林樂知譯　歷城蔡錫齡述**

光緒七年（一八八一）上海機器製造局刊印（書録、答問）

國圖　上圖　復旦　華東師大　北大

製肥皂法二卷製油燭法一卷　一册　**美國林樂知口譯　海鹽鄭昌棪筆述**〔一〕

光緒十年（一八八四）江南機器製造摠局藏板　西藝知新續集本（局記、書録）

國圖　上圖　北大　清華　首都

列國陸軍制三卷　三册　**美國提督歐潑登撰　美國林樂知、寶山瞿昂來同譯**

光緒十五年（一八八九）江南製造局刻本（局記、書録、答問、陳目）

國圖　上圖　華東師大

英興記二卷附同時美興略記廣學會記一卷　二册　**英國鄧理槎著　美國林樂知、中國任廷旭同譯　上海蔡爾康校印**

光緒二十年（一八九四）圖書集成書局鉛印本（雷目、涵目、總目）

上圖　蘇州大學　北大　川大

〔一〕《西藝知新續集》本，《製肥皂法》二卷與《製油燭法》一卷合爲一册。

中西互論一卷（一題書通商總論后）　一册　**美國林樂知**

光緒二十年（一八九四）廣學會（書録、雷目）

國圖

自歷明證〔一〕卷五：瑟的那但（一題安那瑟的那但信道紀録）　一册　**林樂知譯**

光緒二十年（一八九四）上海廣學會鉛印本（雷目）

國圖

麻笛論道探源　一册　**美國麻笛著　美國林樂知譯**

大清光緒二十一年（一八九五）上海廣學會（雷目）

中山大學

印度隸英十二益説　一册　**林樂知譯**

光緒二十一年（一八九五）廣學會（雷目、浙目）

〔一〕本書卷次除部分目驗外，其餘參照周偉馳《林樂知的〈自歷明證〉叢書》，見 https：// www. douban. com / note / 162885641/。

國圖

海國圖志續集二十五卷卷首一卷　四册　**英國麥高爾輯著　美國林樂知、寶山瞿昂來同譯**

光緒乙未（一八九五）冬月上海書局石印

上圖　南大　北大　南開

自歷明證十三種〔一〕　三册　**林樂知譯**

光緒二十一年（一八九五）上海廣學會印（總目）

中山大學

自歷明證卷十二：基掃斯登　一册　**基掃斯登信道紀録　林樂知譯**

光緒二十五年（一八九九）上海廣學會印　上海吴雲記書局排板（雷目）

孔網

〔一〕　亟誨《林樂知先生傳》亦作「十三種」，《英國得基督教緣始》在此十三種外單獨開列。

辨忠篇　一册　**林樂知譯**[一]

光緒二十一年（一八九五）廣學會（雷目）

國圖　復旦

中東戰紀本末八卷續編四卷文學興國策二卷　八册　**美國林樂知翻輯　上海蔡爾康子茀甫類稿**

光緒柔兆涒灘（一八九六）如月上海廣學會譯著圖書集成局鑄版（書録、涵目）

國圖　復旦　美國哈佛燕京

文學興國策兩卷　二册　**美國林樂知譯**

光緒二十二年（一八九六）春三月圖書集成局鑄鉛代印　廣學會譯印（書録、答問）

上圖　復旦

耶穌聖教入華　一册　**林樂知、楊格非、耶士謨、惠志道、柏亨理、李提摩太著**

光緒二十二年（一八九六）中國聖教書局（雷目）

[一]　馮承鈞《續修四庫全書總目提要》（西學與中外交通部分）謂：「美國林樂知撰，上海蔡爾康筆述。」

國圖　美國哈佛燕京

衛司理講道真詮　二册　**林樂知選譯**

光緒二十二年（一八九六）上海美華書館鉛板（雷目）

蘇州大學　人大

海國大政記十二卷卷首一卷　十二册　**英國麥丁富得力編纂　美國林樂知口譯　海鹽鄭昌棪筆述**

光緒丁酉（一八九七）季春上海慎記書莊石印

上圖　北大

中國度支考一卷　一册　**英國上海領事哲美森編輯　美國進士林樂知翻譯**

光緒丁酉（一八九七）季秋圖書集成局版上海廣學會譯（書録、雷目）

上圖　復旦

東西教化論衡二卷　二册　**美國林樂知**

光緒二十三年（一八九七）上海廣學會印　上海美華書館藏板

北大

廣學興國説　一册　**大美國林樂知榮章甫、大清國蔡爾康紫紱甫同著**

光緒二十三年（一八九七）廣學會鉛印本（涵目、雷目）

上圖　北師大

新學彙編四卷　四册　**美國林樂知榮章甫著　上海蔡爾康芝紱甫編輯**

光緒二十四年（一八九八）上海廣學會刊圖書集成局校刊代鑄（書録、中目）

蘇州大學　北大　河南大學　實藤

保華全書四卷（一題中國將裂）　四册　**英國議院大臣兼水師提督軍門貝思福著　美國林樂知榮章甫譯意　上海蔡爾康芝紱甫、吴江任廷旭申甫氏同述**

光緒歲次己亥（一八九九）十月上海廣學會校刊（書録）

上圖　復旦　實藤

路得改教紀略一卷　一册　**美國林樂知譯**

光緒二十五年（一八九九）上海廣學會印（雷目、徐基）

復旦　北大　人大

李傅相歷聘歐美記　一册　**美國林樂知榮章甫彙譯　上海蔡爾康芝紱甫纂輯**

上海廣學會譯著圖書集成局鑄版己亥（一八九九）第一次校印（書録、雷目）

上圖　復旦

俄國政俗通考三卷　二册　**印度廣學會原本　美國林樂知榮章氏、吴江任保羅申甫氏同譯**

光緒二十六年（一九〇〇）三月上海廣學會校刊（書録、雷目、涵目）

北大　内蒙古大學

九九新論二卷　一册　**美國林樂知著譯　上海蔡爾康述纂**

光緒二十六年（一九〇〇）正月上海廣學會譯著　圖書集成局鑄鉛校印（書録）

蘇州大學　北大　北師大　民刊

埏紘外乘二十五卷　八册　**美國林樂知、吴縣嚴良勳同譯**

光緒辛丑年（一九〇一）刊於上海製造局（局記、陳目）

復旦　華東師大　南大　北大

自歷明證卷四：洛士伐里　一册　**美國林樂知譯**

光緒二十八年（一九〇二）上海廣學會校刊　上海商務印書館代印（雷目）

上圖

公法新編四卷　二册　**林樂知編譯　綦策鰲筆述**

光緒二十九年（一九〇三）上海廣學會

山東大學

中等學堂課本書：美國治法要略　一册　**美國林樂知譯　東吴范禕述**

光緒二十九年（一九〇三）上海廣學會藏板　上海商務印書館代印（雷目）

北師大　山東大學

俄國歷皇紀略二卷附録一卷　一册　**美國林樂知譯　東吴范禕述**
光緒二十九年（一九〇三）上海廣學會藏板　上海商務印書館代印（雷目）
上圖　南大　北師大

全地五大洲女俗通考　二十一册　**美國林樂知榮章甫輯譯　吴江任保羅譯述**
光緒二十九年（一九〇三）上海廣學會編行　上海華美書局擺印（雷目、徐樓）
上圖　實藤

萬國公法要略四卷　一册　**英國勞麟賜元本　美國林樂知榮章甫譯意　上海蔡爾康芝紱甫達辭**
光緒二十九年（一九〇三）上海廣學會藏板　上海商務印書館代印（雷目、涵目）
上圖　内蒙古

德國最近進步史三卷　一册　**美國林樂知譯　范子美述**
光緒三十年（一九〇四）廣學會（雷目）

北大　北師大

最新之哲論：人學一卷　一册　美國李約各原本　美國林樂知譯意　東吴范褘述辭

光緒三十年（一九〇四）廣學會印行　上海華美書局擺印（雷目）

上圖　浙江

自歷明證卷七：印度教但以利通道　一册　林樂知譯

光緒三十年（一九〇四）廣學會鉛印本

國圖

中國政俗考略　一册　美國佑尼干、美國林樂知、任保羅譯

光緒三十二年（一九〇六）廣學會（雷目）

上圖　浙江

自歷明證卷十四：古巴天主教人通道　一册　美國林樂知譯　任保羅述

光緒三十二年（一九〇六）上海廣學會鉛印本（總目）

國圖

自歷明證卷八：古歐洲舊教人信道　一册　**林樂知**

光緒三十三年（一九〇七）上海廣學會藏板上海商務印書館代印（書録）〔一〕

孔網

古巴天主教樊離羅信道記〔二〕　一册　**林樂知譯**

光緒三十三年（一九〇七）廣學會（雷目、徐基）

國圖

安仁車　一册　**廣學會美國林樂知編譯**

光緒二十八年（一九〇二）廣學會

〔一〕《東西學書録》作「自歷明證八卷，廣學會本，美林樂知著。記各教源流頗詳，足資考證，末記古時歐洲民人去舊更新之機，亦足以瞻歐俗之旋轉」。

〔二〕國家圖書館著録書名爲「古巴天主教人信道」。

東海大學　美國哈佛燕京

自歷明證卷十一：英國得基督教緣始〔二〕　一册　**美國林樂知譯**

宣統二年（一九一〇）上海廣學會校刊　上海美華書館擺印（徐基）

孔網

未見十六種詳附表：俄羅斯史、歐羅巴史、萬國史、德國史、印度國史、地學啓蒙、自歷明證卷二：奧古斯丁、自歷明證卷三：依美德定、自歷明證卷六：新島約瑟、自歷明證卷九：印度女士信道記、自歷明證卷十：巴西等人信道記、格致源流説、家用禱告文、興華新議、戰局將來論、自歷明證卷一：印度人柏得門奇信道

晏馬太（？—一八八八）

Matthew T. Yates，美國人。十九歲升入 Wokeforest 大學，細心研究《羅馬書》。決意做傳道士，並

〔二〕此印本前無「自歷明證卷十一」字樣，書名頁後有「CHRISTIAN WITNESS SERIES」。

寫信要求國外傳道部准他到中國來傳道。晏馬太牧師與夫人〔二〕一同往波士頓坐船起程，在一八四七年八月到上海。（威林士口授、張壽南筆述《上海浸會開山祖晏馬太牧師傳略》載《真光雜誌》一九三〇年第二十九卷第八期）

馬太福音　一册　**上海浸會堂晏馬太翻土白**

光緒二年（一八七六）年美國聖經聯合會（徐基）〔三〕

美經會　英經會

中西譯語妙法（First Lessons in Chinese）　一册　M. T. Yates, D. D.

光緒二十五年（一八九九）American Presbyterian Mission Press

柏克萊加州

〔二〕原注：「即晏摩氏女士，今上海北寶興路浸會莊的晏摩氏女學就是紀念女士的建築物。」

〔三〕《徐家匯藏書樓所藏基督教圖書目録初稿》著録：「馬太福音書，晏瑪太譯，一八六九年上洋聖會堂鉛印本，一册。」

張袁兩友相論　一册　米憐、晏瑪太著〔一〕

光緒三十年（一九〇四）中國聖教書會印發　上海美華書館擺印（雷目）

北大

范約翰（一八二九—一九一七）

附：范師母

John Marshall Willoughby Farnham，美國人。幼好學，家貧不能給，嘗作工得資，以佐膏火。有時夜無燭，因燃松節以照讀，雖囊螢映雪，不是過也。一八五六年，卒業於紐約克省紀乃克推敵城之合一大學。一八五九年，又卒業於格林斯頓城之聖道書院，故得封傳道之職，此後遂從事於傳道事業矣。是年十月二十九日，乘坐帆船赴中國傳教，至次年三月九日，始抵中國之上海。博士來華之初，適沿街宣講聖道之法盛行，舌敝唇焦，收效無幾，蓋逆途人而告以聖道，實無異於説妙法於石人，播佳種於路側也。博士洞悉其弊，設法停止，西人傳道之方法至此盡易，且鑒於華人程度幼稚，須從教育著手，遂於上海南門籌設清心書院男女學各一所，故執教鞭於清心書院者二十四年。太平天國運動後，就學者益衆，畢業生徒不知凡幾，申江名彦多出其門，其效果亦云大矣。又鑒於中國之進步遲滯，由於印刷品之缺乏，於是首創印刷局一所，以爲華

〔一〕原書無署名，據雷振華目録補入。

人之先導，而書館報社等類因以繼續産出，華人之學術思想遂從兹而大變。更鑒於中國衰弱之因，原救道之未普及，惟欲求普及，又非口舌之所能奏效，乃與同道諸人創設中國聖教書會及月報等類於上海，並手著書籍多種，藉文字以播福音，如《聖經典林》《舊約蹟略》《遊歷筆記》《格物淺説》等書〔二〕，爲其著作中之尤膾炙人口者。葬於滬上之外國墳山，出殯之日，執紼者數百人。（《中國聖教書會之悼范約翰博士》載《新民報》一九一七年第四卷第三期，《范約翰博士略傳》載《新民報》一九一七年第四卷第四期，高鳳池《范公約翰事略》載《明燈道聲非常時期合刊》一九三八年七月）

尼虚曼傳　一册　**范氏譯**

光緒二十三年（一八九七）中國聖教書會發　商務印書館代印（雷目）

同志社大學

百獸集説圖考　一册　**美國范約翰著　西泠吴子翔述**

光緒二十五年（一八九九）上海美華書館擺印

〔二〕《中國聖教書會之悼范約翰博士》：「並爲譯著《聖經典林》《聖經圖誌》《舊約蹟略》《尼虚曼傳》《審判日脚》《剛擔丟士》《趁早預備》等書，一紙風行，無遠弗届。」

南圖　南大

聖經典林　一册　**范約翰口譯　徐維繪筆述**

宣統二年（一九一〇）上海聖教書會鉛印本

國圖　上圖　南圖　浙江　中山大學

未見四種詳附表： 質體彤性、日脚長拉裹、剛旦丟士、舊約跡略

卜舫濟（一八六四—一九四七）〔一〕

Francis Lister Hawks Pott，美國人。先生氏卜，舫濟其名。美國者，其父母之邦。紐約，其生地也。與締造美國開基民主之華盛頓同日生，先生時引以自喜亦以自勗者也。年十幾，習文學於其國之三一學校，尋轉哥倫比亞大學，又習神學於紐約之神學院。以一八八三年授哥倫比亞大學文學士，又三年，授紐約神學院神學士，遂以其年宣基督教於中國，而尤注意於中國之基督教會教育焉。所著書之言宗教者，曰《基督本紀》、曰《天國振新記》、曰《預備天國紀》，言科學者，曰《格致初桄》、曰《地理學》，言中國者，曰

〔一〕　錢基博《聖約翰大學校校長卜先生傳》：「西曆一千八百六十四年二月二十二日其生之日也。」

《中國歷史大綱》、曰《中國之革命》、曰《中國之危機》，其所著之書籍也。而《中國歷史大綱》一書，彼都人士尤樂道焉。蓋先生居中國久，殫見洽聞，稱習中國之爲以有聞於世也。先生所任之職，曰中華基督教教育會會長，曰上海工部局教育委員會委員長，曰皇家亞洲學會會員，而聖約翰大學校校長，特先生任職之一而已。先生之來長聖約翰大學也，實以一八八九年，於時學校不修，邦士大夫方督子弟呻佔畢，從事制舉文，弋科第。其尤秀異者，俾之走通都大邑，掛籍書院以求速化通聲氣，而美國施主教乃於上海辦所謂聖約翰書院者，是乃今日聖約翰大學之權輿也。然伯度草創，初亦以制舉文教，繼雖更制，教程祇限中學，而校舍亦因陋簡而已。先生之來，乃度宏規而大起。高第弟子多折衝外交，知名當世者，其次一技一能，亦以有造於邦家。散而之海外者，東自美國橫斐律濱南洋各島以西漸歐羅巴大邦，莫不有聖約翰大學學生之蹤跡焉。（錢基博《聖約翰大學校校長卜先生傳》載《聖公會報》一九二六年第十九卷第十二期，蔡正華《故聖約翰大學校長美國卜舫濟博士行狀》載《申報》一九四七年六月十九日，《卜舫濟博士蒙召歸天》載《通問報》一九四七年第一千八百〇九期，《卜舫濟自述》載徐以驊主編《上海聖約翰大學一八七九—一九五二》）

啓悟要津一卷（一題啓悟初津）　一册　**美國卜舫濟著**

光緒十五年（一八八九）上海印本（書録、雷目、浙目）

上圖　人大

使徒信經直解　一册　**美國卜舫濟著**

光緒十六年（一八九〇）上海美華書館（雷目）

民國元年（一九一二）夏七月上海聖約翰書院發印　上海美華書館擺版

孔網

税斂要例　一册　**美國卜舫濟著**

光緒二十一年（一八九五）上海廣學會印　上海美華書館藏板（書録、雷目、浙目、總目）

北大　北師大

基督本記　一册　**美國卜舫濟口述　古嘐金澤厚筆録**

光緒二十二年（一八九六）廣學會（雷日、徐基）

上圖　北大

地理初桄　一册　**美國卜舫濟譯著**

光緒二十三年（一八九七）重鐫（書録、雷目、涵目、益智）

上圖　南開

論機器造水法　一册　**英國傅蘭雅輯　卜舫濟譯**

光緒二十七年（一九〇一）格致叢書本（總目）

浙江

教育準繩　一册　**美國卜舫濟輯譯　徐雅用筆述**

光緒二十九年（一九〇三）基督教育會（雷目、總目）

山東

備立天國記　一册　**美國卜舫濟述意、中華徐惠仍措詞**

光緒三十二年（一九〇六）上海美華書館擺印〔一〕（涵目、雷目）

上圖

〔一〕雷振華《基督聖教出版各書書目彙纂》著録有一八九八年協和本。

基督訓辭彙解　一册　**卜舫濟著**

光緒三十三年（一九〇七）上海美華書館（雷目）

蘇州大學

天國振興記　一册　**美國卜舫濟、上海聖約翰大學堂譯**

宣統元年（一九〇九）美華書館[一]（徐基、總目）

上圖

美國大政治家哈密登傳　一册　**美國亨利客白陸珠原著　美國卜舫濟口述　古鄮陳寶琪譯意**

中華民國元年（一九一二）上海廣學會譯印

國圖

秀耀春（一八五六—一九〇〇）

F. Huberty James，英國人。浸禮會教士。一八八三年來華，在山東青州傳教，後調往濟南設立浸禮

[一]　雷振華《基督聖教出版各書書目彙纂》著録有一九〇〇年協和本。

會教堂，一八九二年因與該會意見不合而脱離關係。一八九九年任譯學館英文教習。一九〇〇年夏義和團運動發生時，於六月二十日失蹤。（中國社會科學院近代史研究所翻譯室《近代來華外國人名辭典》）

兩教合辨　一册　**英國秀耀春撰**

光緒十六年（一八九〇）上海美華書館鉛印本（總目）

國圖

信徒快樂秘訣　一册　**英國秀耀春原著　郭女史編譯**

光緒十七年（一八九一）中國基督聖教書會

孔網

探道本原二卷　二册　**英國秀耀春撰**

光緒二十年（一八九四）刻本（總目）

内蒙古

農學初級一卷　一册　**英國旦爾恒理著　英國秀耀春口譯　上海范熙庸筆述**

光緒戊戌（一八九八）上海製造局刊（局記、涵目、總目）

國圖　上圖　復旦　華東師大　浙江

農務化學問答二卷　二册　**英國農學教習仲斯敦著　英國秀耀春口譯　上海范熙庸筆述**

光緒己亥（一八九九）五月江南製造總局鋟板（局記、書録）

國圖　華東師大　浙江　北大　清華

養蒙正軌　一册　**英國秀耀春、六合汪振聲同譯**

光緒二十五年（一八九九）江南製造局鉛印本（局記、書録）

上圖　復旦　浙江

取濾火油法一卷　一册　**美國日得烏著　英國秀耀春、美國衛理譯　六合汪振聲述**

光緒庚子（一九〇〇）秋製造局鋟板（局記、總目）

上圖　北大　清華　北師大

保全生命論　一册　**英國古蘭肥勒撰　英國秀耀春口譯　新陽趙元益筆述**

光緒辛丑年（一九〇一）刊於上海製造局（局記、經眼、陳目）

上圖　西安交通

濟急法　一册　**英國舍白辣撰　英國秀耀春口譯　新陽趙元益筆述**

歲在癸卯（一九〇三）江南製造局刊（局記、涵目）

國圖　復旦　華東師大　北師大

李提摩太（一八四五——一九一九）　附：李提摩太師母

Richard Timothy，字菩岳。英國人。以浸禮會之教士來華，兩年内遊歷滿洲及高麗，居山東八年。迨一八七七年，山西大荒，上海救濟會籌款六萬鎊，公舉博士赴晉省散放。事畢，專心於傳教事業，晉省之獲教會利益自此始。一八九一年，任上海廣學會書記，旋即廣譯西國有用諸書，分佈於各省學子間，計讀其書者有六千人以至萬人，於是新思想勃興。康有爲戊戌領袖，公車上書請變政，即基於此。一九〇〇年，山西殺教士二百人，博士請以賠款在山西建一大學，俾該省士夫研究西學，中政府許之，即任博士爲該大學校長。越兩月，清廷復下詔每省各設同樣之大學一所。一九〇一年，任中政府教務顧問。一九〇四年，發起開辦上海華童公學，同年任上海萬國紅十字會書記，籌款三十萬兩，賑濟滿洲受戰爭損失之難民。一九〇五年，被舉爲中國教育會會長。一九〇七年，被舉爲中國教會百年紀念大會副會長，既而赴倫敦，一九一〇年末回華，以山西大學移交華官管理，清廷賞以頭品頂戴。一九一四年，被舉爲廣學會名譽書記。計博士捐贈該會之書共七千卷，此外又添三百卷。歸國時，惠爾斯大學特贈以名譽學位，以誌其在華從事教育及文學之功。初娶馬丁女士，一九〇三年逝世。一九一四年續娶曉來白女士。有女子四。（字林報《李提摩太博士之事略》載《東方雜誌》一九一九年第十六卷第六期）

救世教益　一册　**英國李提摩太著**

光緒十七年（一八九一）廣學會（書録、雷目）

北師大　北大後印本

天下五洲各大國志要（一題三十一國志）　一册　**英國李提摩太撰　鑄鐵生述**

光緒十八年（一八九二）廣學會（書録、答問、雷目）

上圖　實藤

華英讞案定章考　一册　**英國副臬司哲美森著　英國李提摩太譯　鑄鐵生筆述**

光緒十九年（一八九三）廣學會（書録、雷目）

國圖　復旦

喻道要旨　一册　**李提摩太著**
光緒十九年（一八九三）廣學會（雷目、涵目）
復旦　陝西

生利分利之别　一册　**李提摩太著　蔡爾康譯録**
光緒二十年（一八九四）廣學會（書録、答問、雷目）
北大　清華　南開　中山大學

百年一覺　一册　**英國李提摩太譯**
光緒二十年（一八九四）上海廣學會印（書録、雷目）
浙江

修水口以利通商　一册　**英國李提摩太**
光緒二十年（一八九四）廣學會鉛印本
國圖

歐洲八大帝王傳（一題歐洲八帝紀）　一册　**英國李提摩太譯**

光緒二十年（一八九四）廣學會（書録、答問、雷目、涵目）

浙江　北大

時事新論十二卷附圖説一卷　三册　**英國李提摩太**

光緒二十年（一八九四）上海廣學會鑄板（書録、答問、雷目、中目）

復旦　北大　清華

列國變通興盛記四卷　一册　**英國李提摩太著**

光緒二十年（一八九四）上海廣學會印（書録、答問、涵目）

浙江　實藤

近代教士列傳　一册　**李提摩太著　李紫芳審訂**

光緒二十年（一八九四）廣學會（雷目）

復旦

西鐸九卷　一册　**英國李提摩太**
光緒二十一年（一八九五）廣學會（書録）
北師大　北大　人大　清華

中西四大政一卷　一册　**英國李提摩太譯**
光緒二十一年（一八九五）廣學會（書録、雷目）
復旦　清華

新政策一卷　六册　**英國李提摩太**
光緒二十二年（一八九六）廣學會（書録、答問）
浙江

八星之一總論　一册　**李提摩太著　鑄鐵盦譯稿**
光緒二十三年（一八九七）上海廣學會印　上海美華書館鉛板（書録、答問、雷目）
國圖　南開　清華

醒華博議一卷　一册　**英國李提摩太著**

光緒二十三年（一八九七）美華書館（書録、雷目）

國圖　浙江

農學新法一卷　一册　**貝德禮著　英國李提摩太譯　鑄鐵生述**

光緒二十三年（一八九七）上海美華書館擺板（書録、答問、雷目）

上圖　華東師大　北大　南開

電學紀要　四册　**英國吴師承著　英國李提摩太譯　葭深居士筆述**

光緒二十五年（一八九九）九月上海廣學會校刊（雷目、涵目）

北大　中山大學

大同學　一册　**英國李提摩太菩岳節譯　上海蔡爾康芝紱甫纂述**

光緒二十五年（一八九九）上海廣學會校刊（書録、雷目）

上圖　中山大學　實藤

英國議事章程　一册　**英國李提摩太口譯　葭蒼室主筆述**

光緒二十五年（一八九九）廣學會（雷目、浙目）

湖南

教士列傳十卷　十册　**英國 Mrs Timothy Richard 譯**

光緒二十六年（一九〇〇）上海廣學會校刊　上海商務印書館代印（雷目）

國圖　北大

五洲教案紀略　一册　**李提摩太命意　林朝圻達旨**

光緒二十七年（一九〇一）廣學會鉛印本（中目、涵目）

浙江

興華萬年策　一册　**英國李提摩太命意　上海蔡爾康建言**

光緒二十九年（一九〇三）六月上海廣學會校刊　上海商務印書館代印（雷目、總目）

孔網

論教會之意　一册　**英國李提摩太譯**

光緒二十九年（一九〇三）九月上海廣學會校刊　上海商務印書館代印（雷目）

上圖

天道工課　一册　**李提摩太著**

光緒三十年（一九〇四）上海廣學會校刊　上海商務印書館代印（雷目）

北大

預籌中國十二年新政策　一册　**李提摩太著**

光緒三十四年（一九〇八）三月上海美華書館擺印（涵目）

浙江

地球一百名人傳　三册　**英國李提摩太菩岳氏譯意　上海蔡爾康紫紱氏屬文**

宣統元年（一九〇九）上海廣學會印（涵目、雷目）

上圖　華東師大　北大

五洲史略　一册　**英國賴白奇原著　英國李提摩太修輯　山陰丁雄口譯　長洲裴熙琳筆述**

宣統二年（一九一〇）二次印　上海廣學會校刊（雷目）

北師大　中山大學

未見三種詳附表：救華卮言二卷、基督教大旨、平和原論

傅少蘭（一八七二—一八九六）〔一〕

一作紹蘭，傅蘭雅子。光緒二十二年（一八九六）傅君回國，囑其哲嗣傅紹蘭君庖代，紹蘭不久染病因而逝世。（欒學謙《格致書院講習西學記》載《新學報》第一册）

意大里蠶書一卷　一册　**意國丹吐魯著　英國傅蘭雅、英國傅紹蘭口譯　六合汪振聲筆述　新陽趙元益校録**

光緒二十四年（一八九八）江南製造局印（局記）

復旦　北大　中山大學

〔一〕據熊月之《西學東漸與晚清社會》「十四、傅蘭雅：西學傳播大師」脚注。

法國新志四卷　二册　英國該勒低輯　英國傅紹蘭口譯　烏程潘松筆述　英國秀耀春、上海范熙庸仝校

光緒戊戌（一八九八）製造局刊（局記、經眼、書録、陳目）

上圖　復旦　華東師大　南大　北師大

俄國水師考一卷　一册　英國伯爵百拉西撰　英國傅少蘭、湘鄉李嶽蘅同譯

光緒二十六年（一九〇〇）江南製造總局錽板（局記、經眼、陳目）

上圖　南大　北大　北師大

細田謙藏

日本人，陸軍大尉。師從三島中洲[一]。光緒二十四年（一八九八）被聘爲南洋公學譯書院翻譯兵書顧問。（朱有瓛《中國近代學制史料》第一輯）

[一] 見廉泉《次韻奉酬中洲先生》，載《申報》一九一四年七月二十六日十四版。另參見王韜《弢園文録外篇》卷九《三島中洲文集序》。

日本軍政要略三卷　二册　**日本陸軍經理學校編　日本細田謙藏著　日本稻村新六校訂**

光緒二十四年（一八九八）南洋公學譯書院

國圖　實藤

戰術學　四册　**日本士官學校原本　日本細田謙藏譯述　日本稻村新六參訂　閩縣鄭孝檉、陽湖孟森同校**

光緒二十五年（一八九九）南洋公學譯書院印（書録）

國圖　蘇州大學

稻村新六

日本人，陸軍大尉。光緒二十四年（一八九八）被聘爲南洋公學譯書院翻譯兵書顧問。（《交通大學校史資料選編》第一卷）

步兵各個教練書一卷　二册　**日本軍事教育會原本　日本稻村新六輯補　陽湖孟森譯述**

清末南洋公學譯書院鉛印本（書録、浙目）

上圖　北大　首都　中山大學

步兵部隊教練教科書（一題步兵部隊戰門教練）　二册　德國阿屋土記著　日本户山學校編譯　日本稻村新六輯補　陽湖孟森譯述

清末南洋公學譯書院鉛印本（浙目）

蘇州大學　首都　實藤

衛理（一八五四—一九四四）

Edward Thomas Williams，美國人。美以美會教士。一八八七年來華，在南京傳教。一八九六年辭教會職，任上海領事館翻譯。一八九八—一九〇一年在上海爲中國政府做翻譯工作。一九〇一—一九〇八年任北京美使館漢務參贊，一九〇八年調任駐天津總領事，次年回美任國務院遠東司副司長。一九一一—一九一三年任駐華使館參贊，期間兩次代理館務。一九一四—一九一八任美國國務院遠東司司長。一九一八—一九二七年任加利福尼亞大學漢文教授。衛氏曾在一九一九年巴黎和會及一九二一—一九二二年華盛頓會議中任美國代表團遠東事務顧問。著有《中國的昨天和今天》（*Chinese Yesterday and Today*，1923）、中國簡史（*A short history of China*，1928）等書。在漢務參贊任内曾輯譯若干關於工商業的中國法規爲英文，名爲《最近中國關於商業、鐵路和礦山事業的立法》（*Recent Chinese Legislation relating to Commercial, Railway and Mining Enterprises*, 1904）（中國社會科學院近代史研究所翻譯室《近代來華外國人名辭典》）

日本學校源流一卷　一册　**美國路義思撰　美國衛理口譯　上海范熙庸筆述**

光緒己亥年（一八九九）刊於江南製造局（局記、經眼、陳目）

國圖　上圖　復旦　華東師大　北師大

農務土質論三卷　三册　**美國偉斯根辛農學書院教習金福蘭格令希蘭撰　美國衛理口譯　上海范熙庸筆述**

光緒庚子（一九〇〇）秋製造局鋟板（涵目、局記）

國圖　上圖　復旦　華東師大　北師大

取濾火油法一卷　一册　**美國日得烏著　英國秀耀春、美國衛理譯　六合汪振聲述**

光緒庚子（一九〇〇）秋製造局鋟板（局記、總目）

上圖　北大　清華　北師大

無綫電報一卷　一册　**英國克爾撰　美國衛理口譯　上海范熙庸筆述**
光緒庚子（一九〇〇）秋製造局鋟板（涵目、局記、浙目）
國圖　上圖　華東師大　浙江　南大

照相鏤板印圖法　一册　**美國貝列尼原本　美國衛理、烏程王汝駢同譯**
光緒庚子年（一九〇〇）製造局鋟板（局記）
復旦　北大　清華

工業與國政相關論二卷　二册　**英國司旦離遮風司撰　美國衛理、烏程王汝駢同譯**
光緒庚子年（一九〇〇）仿聚珍版印於製造局（局記、歷目）
復旦　華東師大

農學津梁一卷　一册　**英國恒里湯納耳著　美國衛理口譯　六合汪振聲筆述**
光緒壬寅年（一九〇二）孟冬月刊　江南製造局藏板（局記）
上圖　復旦

赫師慎（一八七三——一九五一）

Louis van Hée，字爾瞻。比利時人。匯報館編輯。

形性學要十卷　四册　**比國赫師慎、南沙李杕譯**

光緒二十五年己亥（一八九九）春徐匯匯報館印（書録）

復旦　中山大學

泰西事物叢考八卷　八册　**上海徐匯報館教士譯**[一]

光緒二十九年（一九〇三）二月匯報館藏本　鴻寶齋石印（涵目）

上圖　復旦　北大

千奇萬妙　二册　**比國赫爾瞻、丹徒朱飛合輯**

光緒二十九年歲在癸卯（一九〇三）春三月滬城西十二里土山灣慈母堂印書局仿聚珍版發兑

國圖　上圖　華東師大　北師大　澳門大學

[一]《涵芬樓新書分類目録》作「比國赫師慎講，朱飛述」。

西學列表二卷　二册　**比國赫師慎爾瞻氏撰**

光緒二十九年（一九〇三）仲夏匯報館原本鴻寶齋石印（涵目）

南大　北大　北師大

動物學要　一册　**比國赫爾瞻、丹徒朱飛合輯**

光緒二十九年（一九〇三）上海土山灣印書館第二版

國圖　北大

季理斐（一八六二—一九三一）

附：季理斐師母

Donald MacGillivray，英國人。廣學會總理。通六七種文字，著有《季氏中英大辭典》《馬太福音注解》以及其他書籍一百餘種。（《記念季理斐博士》載《明燈》一九三一年第一百七十期）

四教考略〔一〕　一册　**英國季理斐輯著**

光緒二十六年（一九〇〇）上海廣學會（總目、雷目）

蘇州大學　北大　南師大

泰西十八周史攬要十八卷　六册　**英國雅各偉德元本　英國季理斐成章譯　臨桂李鼎星穿巖述稿**

光緒二十七年（一九〇一）正月上海廣學會校刊（經眼、雷目）

蘇州大學　北大

晦極明生世紀　一册　**英國季理斐譯**

光緒二十七年（一九〇一）上海廣學會校刊　（總目）

中山大學

〔一〕　其中「回教考略」曾單行。

庚子教會受難記二卷　二册　**英國季理斐譯　任廷旭筆述**

光緒二十九年（一九〇一）上海廣學會譯　上海美華書館擺印（經眼、總目）

北大　清華　中山大學　美國哈佛燕京

基督之聖神　一册　**英國慕安德烈、英國季理斐譯**

光緒二十九年（一九〇三）上海廣學會校刊　上海商務印書館擺印

北大

振新金鑑　三册　**英國克禮孟撰　英國季理斐鑒定　華任保羅廷旭申甫譯**

光緒二十九年（一九〇三）上海廣學會校刊　上海商務印書館代印（雷目）

北大

格致問答提要　一册　**英國季理斐鑑定　金匱陸震譯**

光緒二十九年（一九〇三）美華書館

南大

泰西名人事略　一册　**英教士季理斐鑒定　東吴王臻善韞章譯**
光緒二十九年（一九〇三）廣學會（雷目）
蘇州大學　山東大學　北大

美國教士慕翟先生行述（一題慕翟先生行述）　二册　**慕翟之哲嗣惠廉著　英教士季理斐鑒定、東吴王臻善韞章譯**
光緒二十九年（一九〇三）上海華美書局擺印（雷目）
上圖　浙江　北大

觀物博異八卷〔一〕　一册　**法國博士普謝撰　英國季理斐成章譯詞　臨桂李鼎星穿巖述稿**
光緒三十年（一九〇四）上海廣學會校印　上海美華書館擺印（總目）
復旦　北大

〔一〕《中國古籍總目》誤爲「觀物博略」。

大英十九周新史撮要 一册 **英國季理斐成章譯 臨桂李鼎星穿巖述稿 山左潘楨維周校訂**
光緒三十三年（一九〇七）廣學會藏板 上海商務印書館代印
山西

基督傳 一册 **英國聶格理撰 英國季理斐譯**
光緒三十四年（一九〇八）廣學會藏版 上海商務印書館代印（總目）
中山大學

拔劍逐魔 一册 **季理斐譯 潘楨述**
光緒三十四年（一九〇八）上海廣學會重印 上海商務印書館代印
國圖

中國鐵路歷史 一册 **英國甘恩德撰 英國季理斐譯 曹春涵述**
宣統元年（一九〇九）鉛印本（總目）
南圖

幼女遇難得救記　一册　**季理斐師母譯**

宣統二年（一九一〇）上海廣學會藏版　上海商務印書館代印

北大

未見一種詳附表：禱告月課

藤田豐八（一八六九—一九二九）

字劍峰。日本德島縣美馬郡人。幼敏異。年十八，卒業德島中學校，年二十四，卒業於第三高等中學校，已負譽望。年二十七，卒業於東京文科大學漢文科，授文學士，聲名藉甚。時年少志鋭，以振興漢學爲己任，講學於東京專門學校及哲學館，復與同學田岡嶺雲諸君創東亞學院，先後刊行講義録及文學諸雜誌，一時紙貴。一八九七年，羅振玉主學農社，聘君迻譯農書，君遂至上海。明年，羅以西力東漸，非中日敦睦，不克御務。顧語文閡隔，意志不通，擬創東文學社以溝通之，君欣然贊許，自任教授。壬寅（一九〇二），應粤東當事者聘，羅振玉薦君同往。嗣是主江蘇師範學校、長北京農科大學，皆延君總教習事。辛亥革命後，避地海東。大正十二年任早稻田大學教授，十四年任東京文科大學講師，十五年升教授，任東洋史學第一講坐，叙高等官三等。昭和三年，任臺北大學教授，補文政學部長。（羅振玉《日本臺北大學教授文學博士藤田君墓表》載《遼居乙稿》，鄭師許《交通史專家藤田豐八博士及其所著書目表》載《人文（上海一九

三〇）》一九三三年第四卷第六期）

物理學三篇 十二册 日本飯盛挺造編纂 日本藤田豐八譯 日本丹波敬三、日本柴田承桂校補 長洲王季烈重編

光緒庚子（一九〇〇）秋製造局鋟板〔一〕（局記、涵目）

北大 北師大

造洋漆法一卷 一册 日本田原良純著 日本藤田豐八譯 六合汪振聲參校

歲次癸卯（一九〇三）之夏江南製造局刊（局記）

國圖 北大 清華

顔料篇三卷 二册 日本江守襄吉郎編 日本藤田豐八譯 六合汪振聲重編

宣統元年（一九〇九）江南製造局刻（陳目）

復旦 華東師大 清華

〔一〕 下篇牌記爲「歲在癸卯（一九〇三）之夏江南製造局刊」。

染色法四卷附表　二册　**日本工學博士高松豐吉編　日本藤田豐八譯　吴縣王季點重編**

民國元年（一九一二）江南製造局刊

清華

華立熙

William Gilbert Walshe，英國人。廣學會編輯秘書。

西方歸道色勒特族　一册　**英華立熙譯**

大清光緒二十六年歲次庚子（一九〇〇）上海美華書館鉛印本

北大　北師大　陝西

古世七會論衡　一册　**華立熙撰**

光緒二十六年（一九〇〇）上海廣學會

南大

古世文明　三册　**英國華立熙譯　四明張翰述**[一]

光緒二十九年癸卯（一九〇三）九月上海廣學會校刊　上海商務印書館代印

國圖　上圖

英皇肥拕唎阿盛德記[二]　一册　**英國華立熙輯　四明張文彬述**

光緒二十九年歲次癸卯（一九〇三）上海廣學會印　上海商務印書館代印

北師大　首都

聖勇嘎啦哈奇遇傳一卷　一册　**英國華立熙撰**

光緒二十九年（一九〇三）鉛印本

陝西

政史撮要四卷　一册　**英國金克司元本　英國華立熙鑒定**

光緒二十九年（一九〇三）上海廣學會校刊　商務印書館代印（涵目）

[一]　按該書《序》署：「光緒二十九年歲次癸卯閏端陽前三日英國華立熙序於上海廣學會之寓廬。」

[二]　卷首作「英皇肥拕唎阿聖德記」。

北大　山東大學

聖經溯源　一册　**英國華立熙譯　四明張文彬述**

宣統三年（一九一一）上海廣學會藏板　上海商務印書館代印（涵目、雷目）

國圖　上圖

天地奇異志　一册　**英國華立熙著　張文彬譯**

宣統三年（一九一一）二次重印　上海廣學會校刊　上海商務印書館代印（經眼）

北大

潘慎文（一八五〇——一九二四）　附：潘慎文師母

Alvin Pierson Parker，美國人。一八七五年來華，到滬後，即寄居藍柏先生處，除學習語言文字、佐理傳道外，在藍柏夫婦所設之學校中教習算術。一八七六年派赴蘇州，兼理學務及傳道之職。一八七七年將曹子實先生於十全街所辦之小學遷至天賜莊，定名爲存養書院。一八八四年擴充規模，更名博習。同時又創辦益智書會，將歐美新學術灌輸各行省。一八九五年秋調長上海中西書院。全國青年會董事會成立及在華西人組織教育會時，先生均被推爲首任會長。又兼任廣學會、聖教書會、聖經會著述之工及中英文興華報總纂有年。先生素以宗教與教育並重，奈誨之諄諄，惜無善本以利其用，於是由淺入深，先後撰述數十種，宗教書如：蘇州土白上海土白及文理《聖經》之一部份、《江南讚美詩》之一部份、《監理會綱例》《歷代志上注釋》《歷代志下注釋》《以士喇注釋》《尼希米注釋》《以士帖注釋》及《小先知書注釋》之一部份、《馬太福音》及《約翰福音注釋》、《馬可福音新注釋》、《聖經辭典》之一部份、《基督證道論》、《基督教之性質》、《基督教總論》、《傳道金鑑》、《罪惡論》、《世界之結局》、《天演辨證》。教科書如：《八綫備旨》《格物質學》《代形合參》《質學新編》《微積學》。又助其元配顧夫人編著《地理志略》《地輿圖》《訓蒙地理志》《動物學新編》。生物參考書如：《貝屬》《羽屬》《蝦蟹類》《石池中物》。實業書如：《棉布廠》《呢布廠》《造船廠》《革履廠》。傳記類如《李統帥傳》《翟斐生傳》《亞但氏傳》《勞遮威廉傳》。（周承恩《潘慎文夫子行狀》載《中華基督教衛理公會百週紀念冊》）

格致指南九種十二卷　九册　**益智書會輯**

光緒二十五年（一八九九）上海美華書館經手轉託杜柄記石印（總目）

天津　北大

格物質學一卷　美國史砥爾撰　謝洪賚筆述

化學新編一卷　美國福開森譯

地學指略三卷　美國潘慎文等輯

天文初階一卷　美國潘慎文等輯

光學揭要二卷　美國赫士口譯　朱葆琛筆述

聲學揭要一卷　美國赫士譯　朱葆琛筆述

熱學揭要一卷　美國赫士口譯　劉永貴筆述

動物學新編一卷　美國潘雅麗撰（益智）

地理初桄一卷　卜舫濟譯著

環遊地球雜記附續録　一册　**潘慎文著**

光緒二十七年（一九〇一）格致叢書本（總目）

浙江

最新高等學堂教科書：微積學二卷　一册　**美國潘慎文原譯　山陰謝洪賚筆述**

光緒三十年（一九〇四）十二月上海商務印書館印行（經眼、總目）

浙江　天津

舊約以士喇書注釋　一册　**潘慎文注**

光緒三十年（一九〇四）中國聖教書局（雷目、徐基）

東海大學

舊約尼希米書注釋　一册　**潘慎文注**

光緒三十年（一九〇四）中國聖教書局鉛印本（雷目、徐基）

北大

舊約以士帖書注釋　一册　**潘慎文注**

光緒三十年（一九〇四）中國聖教書局（雷目、徐基）

東海大學

舊約歷代志略上下卷注釋　二册　**潘慎文注**

光緒三十年（一九〇四）中國聖教書局鉛印本（雷目、徐基、總目）

北大

佘賓王

Father Scherer S. J.〔一〕，號懋卿。德國人。光緒辛丑（一九〇一），教算匯塾。南洋公學教師。（佘賓王《數理問答》序、《南洋大學卅週紀念校友録》）

數學問答附習題　一册　**佘賓王著**
光緒二十七年（一九〇一）徐匯印書館鉛印本（徐樓、總目）
國圖　北大

量學問答附量學習題　一册　**佘賓王著**
光緒二十八年（一九〇二）孟春徐匯印書館印竣發售（徐樓）
國圖

天文問答　一册　**佘賓王著**
光緒二十九年（一九〇三）閏五月上海徐家匯南首土山灣慈母堂印書館印（徐樓、涵目）

〔一〕《留法南洋同學會會員録》載《友聲》第十一期作「Abbè Schiller」。

上圖　蘇州大學　川大

數理問答〔二〕　一册　**佘賓王著**

光緒二十九年（一九〇三）六月上海徐家匯南首土山灣慈母堂印書館排印（徐樓）

國圖　天津

代數問答一卷附代數習題一卷　一册　**佘賓王著**

光緒三十年（一九〇四）正月上海徐家匯西首土山灣印書館排印（徐樓、總目）

國圖　上圖

〔二〕卷端又作「數學問答」。按，佘賓王《數理問答序》：「光緒辛丑，余教算匯塾，以數理之最簡明者用官話爲問答，先授小生，後又付梓，名之曰《數學問答》。猶慮小生之不易悟也，集算題如干，另爲一卷，即鐫板名之曰《數學習題》。初不期書以理淺詞清，適足以啓幼童之悟，以故遐邇争求，未二稔而早經售盡。今印館又欲排印，彙二卷爲一編，統名之曰《數理問答》。」

量法問答一卷〔二〕　一册　**佘賓王著**

光緒三十年（一九〇四）季冬徐家匯印書館重印發售（徐樓）

孔網

幾何學　一册　**佘賓王譯**

震旦學院課本

國圖

未見一種詳附表：土話算學問答

施約瑟（一八三一——一九〇六）

Samuel Isaac Joseph Scherechewsky，俄國寄居之猶太人，向在波蘭居住。早年即在美國讀書，因稟賦語言天才，故不久即通英、俄、德、法數國文字。及讀神學，而新舊約之原文完全明悉。於受會長職後，即立

〔二〕佘賓王《重印量法問答》序：「余是以擇其法之淺近者教授匯學諸生，仿問答體率成一册，以便授受，非所以質大雅也，乃蒙諸君垂青以爲訓蒙善本板，顏曰量學。今改爲量法，所以符其實也。」

志來華傳道，於一八五九年到達上海。當時之韋主教於一八六二年派其赴北京專攻華文。在京十四年，一面傳道，一面致力於翻譯工作，華文《舊約》及《公禱文》即於是時告成。一八七五年，公因事離京赴申，旋韋主教辭職，美國差會於商討之後，舉公爲繼任主教。斯時公正欲以其語言文字爲主宣勞，不欲因就主教之職有所牽引，乃辭而不就，故當時只長江教會無主教之統馭者凡數年。美差會感於主教虛懸究非良策，復於一八七七年會集選舉，其結果公仍當選。公鑒於主命殷優，不敢固辭，故於是年十月在美受主教之職，次年來華服務。惟時主教駐地在申之黃浦江畔，而公高瞻遠矚，特在梵王渡附近購地數十畝，建校舍、設醫院，以成爲聖公會事業集中之區。公之譯聖經也不以文言而以語體，其自信吾國必將崇尚語體，以期普及。（鄭會督講、李弗如記《宗教界名人施約瑟主教》載《河南中華聖公會會刊》一九三六年第九卷第三期）

舊新約聖經　一册　**美國施約瑟新譯**

光緒二十八年壬寅（一九〇二）上海大美國聖經會印行

美國哈佛燕京

苗景筠（一八五六—？）

Christophorus Bortolazzi S. J.，字仰山，號崇正子。耶穌會教士。一八七九年來華，長期在崇明傳教[一]。

方言教要序論　一册　**崇正子**

天主降生一千八百八十三年（一八八三）上海慈母堂活板

孔綱

方言問答撮要　一册　**美國苗仰山輯**

光緒二十八年（一九〇二）上海土山灣慈母堂印（徐天）

上圖

方言備終録　二册　**苗仰山譯**

天主降生一千九百六年（一九〇六）上海土山灣慈母堂排印（徐天）

[一] 參考姚鵬《百年流澤：從土山灣到諸巷會》，中西書局，二〇二一年，第二三一頁。

上圖　復旦

葉肇昌（一八六九—一九四三）〔一〕

P. Francesco Xavier Diniz S. J.，字樹藩，葡萄牙人。耶穌會士。生於上海，一九〇五年在上海耶穌會院晋鐸，生平最擅建築術，凡上海教區各大建築物，皆由司鐸設計監修，終老不輟，並長於音樂，爲土山灣孤兒院樂隊指導。（《上海教區葉司鐸》載《鐸聲月刊》一九四三年第二卷第十一期）

方言西樂問答　一册　**耶穌會後學葉肇昌述　張石漱譯**

天主降生一千九百三年（一九〇三）土山灣慈母堂石印

上圖

李佳白（一八五七—一九二七）

Gilbert Reid，字啓東。美國人。美國長老會教士。當二十五歲畢業於紐約協和道學院，來華，初傳教於煙臺、濟南等處。繼於一八九四年組成尚賢堂（The International Institute of China）於北京，一八九

〔一〕　參考張偉《追尋遥遠的土山灣音樂》，載氏著《紙邊閒草》，廣西師範大學出版社，二〇一七年出版。

七年經中政府批准立案。一九〇二年移設尚賢堂於上海。民國成立以後，恢復北京的尚賢堂，而上海的工作，猶進行不輟。又以各教聯合的宗旨，創辦中外各教聯合會、中外商務聯合會、女士聯合會、中外睦友會，聯絡中外感情。卜葬於虹橋路公墓。（謙《悼李佳白博士》載《興華》一九二七年第二十四卷第三十九期）

籌華芻言　一册　**美國進士李佳白**

光緒三十年（一九〇四）尚賢堂（涵目）

北大　人大

中西地名合璧表　一册　**美國李佳白編**

光緒三十一年（一九〇五）協和書局（雷目、蘇二）

北大

和好要言　一册　**尚賢堂美士美國李佳白著**

光緒三十二年（一九〇六）上海商務印書館代印（歷目、涵目、雷目）

北大　人大

列國政治異同考　一册　**美國進士李佳白著**

光緒三十二年（一九〇六）上海商務印書館印行（雷目、涵目）

復旦　天津

尚賢堂教育講義　一册　**李佳白著**

光緒三十二年（一九〇六）協和書局（雷目）

北大

約章述要二卷　二册　**尚賢堂美國進士李佳白纂輯　浙江桐鄉嚴善坊譯編**

光緒三十三年（一九〇七）尚賢堂刊行　上海華美書局排印（雷目）

國圖　北大

中外聖賢事蹟叢談　一册　**尚賢堂李佳白著**

光緒三十四年（一九〇八）上海華美書局印（雷目）

北大　人大

歐美强國憲法彙編　一册　美國博士李佳白啓東選譯　蕭山王振民聲敷編訂

宣統元年（一九〇九）麥美倫圖書公司（涵目、雷目）

北大　中山大學

尚賢堂報告書　一册　美國博士李佳白述

宣統元年（一九〇九）十二月刊　上海華美書局印

國圖　人大　北大　北師大

英吉利史　一册　美國李佳白先生原譯　歙縣吴清徽志猷編訂　蕭山王振民聲蒪續纂

宣統二年（一九一〇）麥美倫圖書公司（雷目）

北大　中山大學

未見一種詳附表：教堂買租置房地條例

西師意

日本人。生平不詳。

算術教科書　二册　**日本藤澤博士著　西師意漢譯**

光緒三十年（一九〇四）山西大學譯書院（涵目）

民目

植物學教科書　一册　**日本大渡忠太郎原著　日本西師意譯述**

光緒三十一年（一九〇五）六月　大清國上海西華德路山西大學譯書院（雷目、涵目）

浙江　孔網

鑛物教科書　一册　**日本神保小虎原著　西師意譯**

光緒三十一年（一九〇五）七月　協和書局（雷目、涵目）

民目

應用教授學　一册　**日本神保小虎原著　日本西師意譯述**

光緒乙巳（一九〇五）八月山西大學堂譯書院譯印（雷目、涵目、總目）

上圖

地文學教科書　一册　**横山又次郎著　西師意譯**
光緒三十一年（一九〇五）十月　大清國上海西華德路山西大學譯書院（涵目）
孔綱

生理學教科書　一册　**日本丘淺治郎著　日本西師意譯　上虞許家惺校**
光緒三十一年（一九〇五）十一月　山西大學譯書院（雷目、涵目）
孔綱

最新動物學講義　一册　**日本飯島魁撰　日本西師意譯**
光緒三十三年（一九〇七）東京東亞公司鉛印本（總目）
天津

未見六種詳附表：物理學教科書、動物學教科書、體操全書、農業汎論、耕種原論、代數學教科書

竇樂安（一八六五—一九四一）
John Litt Darroch，英國蘇格蘭人。中國内地會教士。一八八七年來華，在山西傳教。一九〇二年山

西大學成立後，負責該校設在上海的譯書院。嘗因準備大學教科書有成績，獲光緒帝授予進士稱號。一九〇八年任倫敦聖書會（Religious Tract Society）幹事。（中國社會科學院近代史研究所翻譯室《近代來華外國人名辭典》）

世界名人傳略 一册 **英國張伯爾原著 英國竇樂安、同安黄鼎、上海張在新、蓬萊郭鳳翰譯述 上虞許家惺校訂**[一]

光緒三十四年（一九〇八）十月出版 上海山西大學堂譯書院譯印

浙江 天津

未見一種詳附表：天演正義

[一] 此據書後版權頁，書前卷端署「英國張伯爾原本，蓬萊郭鳳翰譯述，上虞許家惺校文」。書前許家惺《序》又言：「其中迻譯參訂諸事，則以出諸竇君及上海在新之手爲多。」

三、機構

美華書館

上海小東門外之美華書館，西國排印活字版書之館也。初以排印美國書籍及中華字書籍，故名曰美華。其活字乃鉛字，有大字、中字、小字數種。凡《康熙字典》所有字皆有之，並有《字典》所無之字。所排印者耶穌教之書爲多，蓋印書館原爲教會設也，此館乃教會中之長老會所立也。此外尚有天文、地理、禮樂、醫算、格物、小學、譯語之書，如《談天》《地球説略》《地理問答》《心算啓蒙》《重學》《重學淺説》《代數學》《代微積拾級》《格物入門》《博物新編》《花圖書》《化學初階》《初學編》《雙千字文》《常字雙千字》《官話文法》《官話文學書》《官話初學書》，又有《上海土白文法》《土話初學》《上海土白字彙》《中西譯語妙法》諸書，此皆西人所著之書，猶中國之有雜著也。（《美華書館述略》載《中國教會新報》一八七一年第一百六十五期、金多士《上海美華書館七十年簡史》載《武昌文華圖書科季刊》一九三四年第六卷第一期）

花夜記 一册 **上海美華書館編**[一]

光緒二十三年（一八九七）上海美華書館出售（總目）

上圖

未見一種詳附表：勸幼女讀書有益論

上海徐家匯天文臺

創於同治十一年（一八七二），由天主教士管理，一切儀器自備居多，間有爲友人所贈者。無幾，上海報時所與往來遞報氣候之人，由英法兩工部局發付工價，其餘經費，皆我教堂自給。臺中除西教士數人，恒有司事如干，皆華人，贊理測務。因臺屋湫窄，不敷于用，爰于一九〇一年于舊臺西首，另建新臺。（《徐匯天文臺記》）

報風要則一卷（一題中國沿海颶風及風暴標號條例） 一册 **上海徐家匯天文臺著**

光緒二十三年（一八九七）九月土山灣慈母堂印（徐樓）

[一] 原書卷端無題名，書前「序」謂：「余聞中華有《花夜記》一書，今擴而充之，加以土語，以代注釋，亦以此三字題之，希幼學者亦作夜記讀之。」

上圖　華東師大　浙江　人大

徐匯天文臺記一卷　一册　**徐匯天文臺編**

光緒三十二年（一九〇六）上海土山灣印書館鉛印本（徐樓、涵目）

國圖　黑龍江

匯報館

前身爲李杕主辦的《益聞録》，創辦於一八七八年。一八九八年改名《格致益聞匯報》，李杕在合併後的《本館章程》里説：「本報之設，使閲者知西學而識時務，故首列上諭、次論説、次西學、次答問、次譯學問報、次各國電音要事、次中國近日大事及有關時務之奏章。」一九〇七改名《時事科學匯報》，一九〇八年簡稱爲《匯報》。（葛伯熙《益聞録·格致益聞匯報·匯報》載《新聞研究資料》一九八七年第三期）

增補泰西名人傳　四册　**上海徐匯報館原本　浙江徐心鏡朗淵增訂**

光緒二十九年（一九〇三）仲春匯報館原本鴻寶齋石印（經眼、徐樓、涵目）

復旦　北大　北師大

泰西事物叢考八卷　八册　上海徐匯報館教士譯

光緒二十九年（一九〇三）二月匯報館藏本　鴻寶齋石印（涵目）

上圖　復旦　北大

廣學會

上海廣學會成立於光緒十四年（一八八七）〔一〕，時我國之朝野人士尚未接納西方文化。該會首任總幹事威廉生，繼任總幹事李提摩太兩博士，鑒於欲求中華强盛，莫如灌輸新思想，乃在滬譯著及印行各種新書報，如李博士之《泰西新史攬要》八厚册，重版多次，暢銷歷二十五年而不衰。已故聖約翰大學校長卜舫濟博士，曾爲該會編著《基督本紀》，於一八九六年初版，爲我國最暢銷之基督傳記。一八九二年，該會接辦愛倫博士主編之《萬國公報》，由週刊而改爲月刊，内容爲時論、社評以及其他歐西論著之介紹、史料之選輯等，爲當時人士所必讀之月刊，甚至當時翰林院諸學士亦盡量採取該報精華輯成翰林院出版物。迨後商務印書館等出版機關相繼成立，廣學會乃專致力於介紹基督教文化之著作，如該會所編聖經詞典、四福音大辭典及新舊約注釋等鉅著，爲各教會必需之參考書。又與南京金陵神學院等機構合作編印新學群書，

〔一〕是年，韋廉臣在蘇格蘭格拉斯哥（Glasgow）組織的同文書會因事解散，將在上海之印刷機器贈與韋廉臣，韋氏遂於上海組織新的同文書會，將原有墨海書館之財産一併轉贈新會。光緒二十年（一八九四），該會之中文名稱改爲廣學會。

先後出版至數十種，其他社會、科學、傳記、故事、音樂、劇本以及兒童用書等類，共出版數百種之多。（衛理譯、金襄如記《上海廣學會第十年年會略論》載《中西教會報》一八九七年三卷三十六期，《廣學會六十週年定明日舉行慶祝》載《申報》一九四七年一二月三日第四版）

威廉振興荷蘭紀略　一册　**廣學會譯**

光緒二十七年（一九〇一）上海廣學會校正　上海美華書館擺印（書録、涵目、雷目）

華東師大　蘇州大學　南大

上海六先書局

本局開設在上海三馬路望平街外國墳山南首，專售格致、化學、天文、輿圖、醫學、算學、重學、水學、光學、熱學、氣學、電學、兵學、礦學，一應新譯新著、洋務各書，無不搜集全備，以備藝林新近採購。（《上海新開六先書局專售格致各書啓》載《申報》一八九六年七月十七日第五版）

礦務叢鈔十二卷　二十册　**六先書局主人輯**

光緒廿三年歲次丁酉（一八九七）新印　上海六先書局發兑

北大　蘇州大學

開煤要法　英國士密德輯　英國傅蘭雅口譯　懷遠王德均筆述
井礦工程　英國白爾捺輯　英國傅蘭雅口譯　新陽趙元益筆述
冶金要法　美國阿發滿撰　英國傅蘭雅口譯　新陽趙元益筆述
錬金要法　英國費而奔著　英國傅蘭雅口譯　無錫徐壽筆述
銀礦指南　美國亞倫著　英國傅蘭雅口譯　永康應祖錫筆述
錬銀要法　英國傅蘭雅口譯　無錫徐壽筆述
錬鋅要法　英國傅蘭雅口譯　無錫徐壽筆述
錬錫要法　英國傅蘭雅口譯　無錫徐壽筆述
錬銅要法　英國傅蘭雅口譯　無錫徐壽筆述
錬鋼要法　英國傅蘭雅口譯　無錫徐壽筆述
錬鉛要法　英國傅蘭雅口譯　無錫徐壽筆述
錬鎳銻鉍汞法

商務印書館

商務印書館者，青浦夏瑞芳之所建設，而以漸擴張之，且總經理之以終其身也。先是，夏君學於基督教長老會之清心堂，習排字於英人所設之文匯報館，歷在字林西報館、捷報館任事，積有資本，乃以光緒丁酉

（一八九七）與妻黨鮑君咸恩創建商務印書館。其始翻印印度英文讀本而以華文譯注之，名曰《華英初階》及《進階》，在當時初學英文者甚便之。戊戌（一八九八）以後，有志維新者多遊學日本，競譯日本書以求售，夏君亦數數購之，然不敢輕於付印，丐通人抉擇。其中太草率者襲諸篋，所費雖不貲，不惜也。庚子（一九〇〇）以後，學校漸興，教授者苦不得適宜之教科書，夏君乃爲商務印書館厚集資本，特立編譯所，延張君元濟主其事，亦常以重資購當代名士嚴復、伍光建、夏曾佑諸君之著作，且發行辭典、小説、雜誌之屬，而尤所聚精會神以從事者，實惟小學教科書。教科書以外，又有教授法參考書，非學生所需，售數遠遜，然亦盡心力以爲之。以是出版後，大受教育界之歡迎。而同業之有事於教科書者，度不能以粗觕之作與之競，則相率而則效之，於是書肆之風氣爲之一變，而教育界之受其影響者大矣。（蔡元培《商務印書館總經理夏君傳》載《夏粹芳先生哀輓録》）

華英國學文編[一]　四册　**商務印書館編譯**

光緒二十五年（一八九九）初版　商務印書館

民目　孔網

[一] Anglo-Chinese Royal First Reader。光緒丙午重印本《序》署「上海中西書院謝虹賚謹序」。

華英亞洲課本　四册　**商務印書館編譯**

光緒二十六年（一九〇〇）初版　商務印書館

民目

華英進階　五册　**商務印書館編譯**

光緒二十七年（一九〇一）商務印書館

民目

揚子江　一册　**日本法科大學生林安繁著**〔一〕

光緒二十八年（一九〇二）十月上浣上海商務印書館印行　帝國叢書本（涵目）

國圖　上圖

普通博物問答　一册　**商務印書館譯輯**

光緒二十八年（一九〇二）十一月　商務印書館（涵目）

〔一〕　原書不署譯者。

民目　孔網

經國美談前編二十回後編二十五回　二册　**日本矢野文雄著　商務印書館編譯所譯**

光緒二十八年（一九〇二）商務印書館譯印　説部叢書（涵目）

上圖　復旦　實藤

國史初級教科書　二册　**商務印書館編輯**

光緒二十九年（一九〇三）二月首版　商務印書館

民目

新説教授學　一册　**日本槙山榮次原著　商務印書館編譯所編譯**

光緒二十九年（一九〇三）三月出版　上海商務印書館（中目）

民目

生理學問答　一册　**商務印書館編譯所編輯**

光緒二十九年歲次癸卯（一九〇三）四月初版　商務印書館

民目

克萊武傳　一册　英國麥可利著　商務印書館譯

光緒二十九年（一九〇三）四月首版　上海商務印書館印行　傳記叢書（經眼、提要、徐樓、涵目）

上圖　天津

經濟通論五卷　一册　日本法學士持地六三郎著　商務印書館譯

光緒二十九年（一九〇三）五月　商務印書館　財政叢書（經眼、涵目）

復旦　廈大

普魯士地方自治行政説　一册　日本野村靖編述　商務印書館譯　張宗弼校

光緒二十九年（一九〇三）五月　上海商務印書館印行　政學叢書第二集第四編（經眼、涵目）

人大

日本近世豪傑小史四卷　二册　商務印書館編譯所編輯

光緒二十九年（一九〇三）五月首版　商務印書館印行（涵目）

孔網

法蘭西史五卷　一册　**商務印書館編譯　張宗弼校**

光緒二十九年（一九〇三）五月　商務印書館　歷史叢書第一集（經眼、提要、涵目）

上圖　復旦

蘇格蘭獨立史　三册　**美國那頓原著　商務印書館譯述**

光緒二十九年（一九〇三）五月首版　上海商務印書館印行　歷史叢書第一集第六編（經眼、涵目）

上圖

世界歷史問答　一册　**日本酒井勉著　商務印書館譯**

光緒二十九年（一九〇三）五月首版　商務印書館（涵目）

民目

礦物學教科書　一册　**商務印書館**

光緒二十九年（一九〇三）五月初版　商務印書館（涵目）

民目

鑛物學教科書　一册　商務印書館編輯

光緒二十九年（一九〇三）閏五月首版　商務印書館印行

孔綱

鑛質教科書　一册　商務印書館編輯

光緒二十九年（一九〇三）閏五月首版　商務印書館印行（涵目）

北師大　民目

中國通覽　一册　商務印書館譯

光緒二十九年（一九〇三）閏五月首版　商務印書館（涵目）

國圖　天津

日本明治法制史　一册　日本清浦奎吾原著　商務印書館譯　鄞縣章起渭校

光緒二十九年（一九〇三）六月首版　上海商務印書館印行　政學叢書第二集第五編（涵目）

北大　山東大學

歐洲最近政治史　一册　**日本法學士森山守次原著　商務印書館譯**

光緒二十九年（一九〇三）六月首版　上海商務印書館印行　歷史叢書第一集第八編（涵目）

上圖

世界文明史三卷　一册　**日本高山林次郎著　商務印書館譯**

光緒二十有九年（一九〇三）七月首版　上海商務印書館印行　歷史叢書第二集第一編（經眼、徐樓、涵目）

蘇州大學　北大

日耳曼史一卷　一册　**英國沙安著作　商務印書館譯述**

光緒二十九年（一九〇三）八月首版　上海商務印書館印行　歷史叢書第二集第三編（涵目）

上圖

社會主義廣長舌　一册　**日本幸德秋水原著　商務印書館編譯所譯述**

光緒二十九年（一九〇三）八月二次出板　上海商務印書館譯印（涵目）

上圖　復旦　浙江

議會政黨論　一册　**日本法學士菊池學而著　商務印書館譯　陽湖徐雋校**

光緒二十九年（一九〇三）十月首版　上海商務印書館印行　政學叢書第二集第九編（涵目）

人大

奪嫡奇寃　一册　**日本柴四郎原著　中國商務印書館編譯所校閲**

光緒二十九年（一九〇三）十月首版　中國商務印書館譯印　説部叢書（涵目）

上圖　復旦

政治汎論　二册　**美國學士威爾遜著　日本高田早苗原譯　商務印書館重譯**

光緒二十九年（一九〇三）十月首版　上海商務印書館印行　政學叢書第二集第六編（涵目）

上圖　貴州

俄羅斯史二卷　一册　**俄羅斯伊羅瓦伊基撰　日本八代六郎原譯　商務印書館重譯**

光緒二十九年（一九〇三）商務印書館　歷史叢書（涵目）

國圖　天津

歐洲新政史　一册　**德國米勒爾撰　商務印書館譯**

光緒二十九年（一九〇三）上海商務印書館印　歷史叢書第一集第十編（涵目）

首都

西洋文明史　一册　**日本高山林次郎著　商務印書館編譯所譯**

光緒二十九年（一九〇三）商務印書館

上圖　常州

日本武備教育一卷　一册　**上海商務印書館譯述**

光緒二十九年（一九〇三）上海商務印書館　政學叢書本（經眼、涵目）

陝西

國際公法大綱　一册　**德國雷士特著　商務印書館譯**
光緒二十九年（一九〇三）商務印書館　政學叢書（涵目）
新疆

新聞學一卷　一册　**日本松本君平著　商務印書館編譯所編譯**
光緒二十九年（一九〇三）商務印書館（經眼、涵目）
國圖

萬國商業歷史　一册　**法國伯羅德爾著　商務印書館譯**
光緒二十九年（一九〇三）上海商務印書館印行　商業叢書第一集第一編（涵目）
北大　人大　清華　中山大學

德國工商勃興史　一册　**法國伯羅德爾著　日本文部省原譯　商務印書館重譯**
光緒二十九年（一九〇三）商務印書館　商業叢書（涵目）
上圖

滿洲地志　一册　**日本參謀本部原著　商務印書館譯訂**
光緒三十年（一九〇四）四月首版　上海商務印書館總發行（涵目）
上圖　復旦

案中案　一册　**英國亞柯能多爾原著　中國商務印書館編譯所譯述**
光緒三十年（一九〇四）五月首版　中國商務印書館譯印　説部叢書（涵目）
上圖　復旦

科學小説：環遊月球　一册　**法國焦奴士威爾士原著　中國商務印書館翻譯**
光緒三十年（一九〇四）七月首版　中國商務印書館譯印　説部叢書（經眼、涵目）
上圖

數學教科書　二册　**商務印書館編譯所編纂**
光緒三十年（一九〇四）八月初版〔一〕　上海商務印書館印行

〔一〕　據第二册。

冒險小說：金銀島　一册　英國司的反生原著　中國商務印書館編譯所翻譯
光緒三十年（一九〇四）九月首版　中國商務印書館譯印　説部叢書（經眼、涵目）
上圖

黄金血　一册　美國樂林司朗治原著　中國商務印書館翻譯
光緒三十年（一九〇四）十一月首版　商務印書館（涵目）
上圖　復旦

回頭看十四回　一册　美國威士原著　中國商務印書館翻譯
光緒三十一年（一九〇五）二月初版　中國商務印書館譯印　説部叢書（涵目）
上圖　復旦

高等小學堂用：萬國輿圖　一册　商務印書館編譯所編輯
光緒三十一年（一九〇五）二月初版　上海商務印書館發行

民目　孔綱

中學堂教科書：東文法程　一册　**商務印書館編譯所編纂**
乙巳年（一九〇五）三月初版　上海商務印書館發行
民目

英文初範　一册　**商務印書館譯訂**
光緒三十一年（一九〇五）三月初版　商務印書館
上圖

懺情記三十回　二册　**日本黑巖淚香原譯　商務印書館編譯所重譯**
光緒三十一年（一九〇五）四月首版　商務印書館譯印　説部叢書（經眼、涵目）
上圖　復旦

法國小説：珊瑚美人二十回　一册　**日本三宅彦彌原譯　中國商務印書館重譯**
光緒三十一年（一九〇五）四月首版　中國商務印書館譯印　説部叢書（涵目）

上圖　復旦

最新初等小學地理教科書　四册　**商務印書館編譯所編纂**

光緒三十一年（一九〇五）六月初版　上海商務印書館印行

民目

環瀛誌險　一册　**奧國維也納愛孫孟著　中國商務印書館編譯所翻譯**

光緒三十一年（一九〇五）六月首版　中國商務印書館印行（經眼、涵目）

新疆　孔網

偵探小説：雙指印　一册　**中國商務印書館編譯所校閲**

光緒三十一年（一九〇五）六月初版　商務印書館譯印　説部叢書（涵目）

上圖　復旦

最新中學教科書：西洋歷史　二册　**商務印書館編譯所編輯**

光緒三十一年（一九〇五）七月首版　商務印書館（涵目）

上圖　民目

社會小説：曇花夢　一册　**中國商務印書館編譯所譯述**

光緒三十一年（一九〇五）八月首版　中國商務印書館譯印　説部叢書（涵目）

上圖　復旦

初級師範學校教科書：教育史　一册　**商務印書館編譯所編纂**

光緒三十一年（一九〇五）仲秋初版　上海商務印書館印行

民目

初級師範學校教科書：教授法原理　一册　**商務印書館編譯所編纂　浙江山陰蔡元培校訂**

光緒三十一年（一九〇五）仲秋初版　上海商務印書館印行（中目、蘇一）

國圖　民目

巴黎繁華記四十回　二册　**中國商務印書館編譯所譯述**

光緒三十一年（一九〇五）十月初版　中國商務印書館譯印　説部叢書（涵目）

上圖　復旦

偵探小說：指環黨　一册　**中國商務印書館編譯所譯述**

光緒三十一年（一九〇五）十月初版　中國商務印書館譯印　説部叢書（涵目）

上圖　復旦

初等小學最新修身教科書[一]　十册　**福建長樂高鳳謙、浙江山陰蔡元培、浙江海鹽張元濟校訂**[二]

光緒三十一年（一九〇五）孟冬月初版　上海商務印書館印行（涵目）

民目　北師大

最新初等小學堂修身教科書教授法　十册　**商務印書館編纂　福建長樂高鳳謙、浙江山陰蔡元培、浙江海鹽張元濟校訂**

光緒三十一年（一九〇五）十月初版　上海商務印書館印行（涵目）

[一] 版心署「初等小學堂課本」。

[二] 版權頁署「商務印書館編譯所編纂」。

民目　孔網

冒險小説：小仙源　一册　**中國商務印書館編譯所編譯**
光緒三十一年（一九〇五）十一月首版　商務印書館譯印　説部叢書（涵目）
上圖　復旦

佳人奇遇　一册　**日本柴四郎原著　中國商務印書館編譯所譯述**
光緒三十一年（一九〇五）十二月再版　商務印書館譯印　説部叢書第一集第一編（涵目）
上圖　復旦

桑伯勒包探案　一册　**商務印書館編譯所譯述**
光緒三十一年（一九〇五）十二月首版　商務印書館譯印　説部叢書（涵目）
上圖　復旦

道德小説：一束緣二十回　一册　**英國孛來姆原著　商務印書館編譯所譯述**
光緒三十二年（一九〇六）二月首版　中國商務印書館譯印　説部叢書（涵目）

上圖　復旦

白巾人　二册　英國歇復克原著　中國商務印書館編譯所譯述
光緒三十二年（一九〇六）三月首版　中國商務印書館譯印　説部叢書（涵目）
上圖　復旦

初級師範學校教科書：倫理學　一册　商務印書館編譯所編纂　楊天驥校訂
光緒三十二年（一九〇六）三月初版　商務印書館
民目

初級師範學校教科書：各科教授法　一册　商務印書館編譯所編纂
光緒三十二年（一九〇六）三月初版　商務印書館
民目

言情小説：阱中花三十二回　二册　英國巴爾勒斯原著　中國商務印書館編譯所譯述
光緒三十二年（一九〇六）四月初版　中國商務印書館譯印　説部叢書（涵目）

上圖　復旦

華生包探案　一册　**商務印書館編譯所譯述**
丙午年（一九〇六）四月初版　上海商務印書館發行（涵目）
上圖

言情小説：三字獄　一册　**英國赫德原著　商務印書館編譯所譯述**
光緒三十二年（一九〇六）四月初版　商務印書館譯印　説部叢書（涵目）
上圖　復旦

偵探小説：香囊記　一册　**英國斯旦來威門原著　中國商務印書館編譯所譯述**
光緒三十二年（一九〇六）四月初版　中國商務印書館譯印　説部叢書（涵目）
上圖　復旦

最新中學教科書：東洋史要地圖　一册　**商務印書館編纂**
光緒三十二年（一九〇六）四月初版　商務印書館發行

國圖

初級師範學校教科書：心理學　一册　**商務印書館編譯所編譯　蔣維喬校訂**

光緒三十二年（一九〇六）四月初版　商務印書館

上圖　民目

最新高等小學：東洋歷史教科書　二册　**商務印書館編譯所編纂**

光緒三十二年（一九〇六）孟夏月初版　上海商務印書館印行（涵目）

民目

補譯華生包探案　一册　**中國商務印書館編譯所譯述**

光緒三十二年（一九〇六）孟夏月初版　商務譯書館譯印　説部叢書（經眼、涵目）

上圖　復旦

紅柳娃　一册　**美國柏拉蒙原著　中國商務印書館編譯所譯述**

光緒三十二年（一九〇六）孟夏月初版　中國商務印書館譯印　説部叢書（涵目）

上圖　復旦

簾外人　一册　**英國格利吾原著　中國商務印書館編譯所譯述**

光緒三十二年（一九〇六）仲夏首版　上海商務印書館發行　説部叢書（涵目）

上圖　復旦

義俠小說：血蓑衣　一册　**日本村井弦齋原著　商務印書館編譯所譯述**

光緒三十二年（一九〇六）季夏首版　商務印書館譯印　説部叢書（涵目）

上圖　復旦

新小說：泰西歷史演義三十六回　一册　**洗紅盦主撰**〔二〕

光緒三十二年（一九〇六）季夏首版　商務印書館印行（涵目）

上圖

〔二〕　版權頁署「中國商務印書館編譯所著輯」。

七星寶石　一冊　**英國勃蘭姆斯道格原著　商務印書館編譯所譯述**
光緒三十二年（一九〇六）季夏首版　上海商務印書館發行　説部叢書（涵目）
上圖　復旦

鐵錨手　一冊　**英國般福德倫納原著　中國商務印書館編譯所譯述**
光緒三十二年（一九〇六）季秋初版　商務印書館譯印　説部叢書（涵目）
上圖　復旦

蠻陬奮跡記　一冊　**英國特來生原著　中國商務印書館編譯所譯述**
光緒三十二年（一九〇六）季秋首版　商務印書館譯印　説部叢書（涵目）
上圖　復旦

中學代數學教科書　二冊　**商務印書館編譯所編**
光緒三十二年（一九〇六）十月初版　商務印書館印行
民目

波乃茵傳　一册　**英國赫拉原著　中國商務印書館編譯所譯述**
光緒三十二年（一九〇六）十一月初版　商務印書館譯印　説部叢書（涵目）
上圖　復旦

二俑案　一册　**英國許復古原著　中國商務印書館編譯所譯述**
光緒三十二年（一九〇六）十一月初版　商務印書館譯印　説部叢書（涵目）
上圖　復旦

言情小説：尸櫝記　一册　**英國華爾登原著　商務印書館編譯所譯述**
光緒三十二年（一九〇六）上海商務印書館發行　説部叢書（涵目）
上圖　復旦

比較國法學　一册　**日本末岡精一著　商務印書館編譯所譯述**
光緒三十二年（一九〇六）上海商務印書館印行（涵目）
上圖

上海洋涇浜北首租界章程　一册　**華商公議會刊**

光緒三十二年（一九〇六），Reprinted by the Shanghai Printing Company

上圖

日本法規大全　八十册　**南洋公學譯書院初譯　商務印書館編譯所補譯兼校訂　閩縣陳承澤重校**

光緒三十三年（一九〇七）正月初版　商務印書館（徐樓、涵目）

浙江　人大　首都

愛情小説：空谷佳人　一册　**英國博蘭克巴勒原著　商務印書館編譯所譯述**

光緒三十三年歲次丁未（一九〇七）季春初版　商務印書館譯印　説部叢書（涵目）

上圖　復旦

初等小學堂用：格致課本　二册　**商務印書館編譯所編譯所編纂**

光緒三十三年（一九〇七）三月初版　上海商務印書館印行

民目　孔綱

秘密地窟　一册　**英國華司原著　商務印書館編譯所譯述**

光緒三十三年（一九〇七）三月初版　商務印書館譯印　説部叢書（涵目）

上圖　復旦

實業學校教科書：商業理財學　一册　**商務印書館編譯所編纂**

丁未年（一九〇七）三月初版　上海商務印書館印行（涵目）

上圖

狡兔窟　一册　**商務印書館編譯所譯述**

光緒三十三年（一九〇七）四月初版　上海商務印書館　袖珍小説（涵目）

上圖　復旦

玫瑰花下　一册　**尼楷忒星期報社原著　商務印書館編譯所譯述**

光緒三十三年（一九〇七）五月初版　商務印書館印行　袖珍小説（涵目）

上圖

漫郎攝實戈　一册　**法國伯雷華斯德原著　商務印書館編譯所譯述**
光緒三十三年（一九〇七）五月初版　商務印書館藏板　歐美名家小說本（涵目）
上圖　復旦

希臘神話　一册　**巴德文原著　商務印書館編譯所譯述**
光緒三十三年（一九〇七）六月初版　商務印書館譯印　說部叢書（涵目）
上圖　天津

世界一周十六回　一册　**日本渡邊氏原著　商務印書館編譯所譯述**
光緒三十三年（一九〇七）六月初版　商務印書館譯印　說部叢書（涵目）
上圖　復旦

真偶然　一册　**英國伯爾原著　商務印書館編譯所譯述**
光緒三十三年（一九〇七）六月初版　商務印書館譯印　說部叢書（涵目）

上圖　復旦

歐美名家小説：孤星淚　二册　**法國嚣俄原著　商務印書館編譯所譯述**

光緒三十三年（一九〇七）六月初版　商務印書館發行（涵目）

復旦

三名刺　一册　**英國葛威廉原著　商務印書館編譯所譯述**

光緒三十三年（一九〇七）六月初版　上海商務印書館　袖珍小説（涵目）

上圖　復旦

寶石城　一册　**英國白髭拜原著　商務印書館編譯所譯述**

光緒三十三年（一九〇七）七月初版　商務印書館譯印　説部叢書（涵目）

上圖　復旦

畫靈　一册　**英國曉公偉原著　商務印書館編譯所譯述**

光緒三十三年（一九〇七）七月初版　商務印書館譯印　説部叢書（涵目）

上圖　復旦

圓室案　一册　**英國葛雷原著　商務印書館編譯所譯述**

光緒三十三年（一九〇七）七月初版　商務印書館譯印　説部叢書（涵目）

上圖　復旦

毒藥罇二十六節　一册　**法國嘉波留原著　商務印書館編譯所譯述**

光緒三十三年（一九〇七）七月初版　商務印書館譯印　説部叢書（涵目）

上圖　復旦

朽木舟　一册　**日本櫻井彦一郎原著　商務印書館編譯所譯述**

光緒三十三年（一九〇七）七月初版　商務印書館印行　説部叢書（涵目）

上圖

高等小學最新修身教科書　四册　**商務印書館編譯所編纂　長樂高鳳謙、武進蔣維喬校訂**

丁未年（一九〇七）七月初版　上海商務印書館出版（涵目）

民目　孔網

金絲髮　一册　**英國格離痕原著　商務印書館編譯所譯述**
光緒三十三年（一九〇七）七月初版　商務印書館譯印　説部叢書（涵目）
上圖　復旦

航海少年　一册　**日本櫻井彦一郎原譯　商務印書館編譯所重譯**
光緒三十三年（一九〇七）八月初版　商務印書館譯印（涵目）
上圖

一萬九千鎊　一册　**英國般福德倫納著　商務印書館編譯所譯述**
光緒三十三年（一九〇七）八月初版　商務印書館譯印　説部叢書（涵目）
上圖　復旦

狡獪童子　一册　**英國式勤德原著　商務印書館編譯所譯述**
光緒三十三年（一九〇七）八月初版　上海商務印書館　袖珍小説（涵目）

上圖　復旦

指中祕録　二册　**英國麥區蘭原著　商務印書館編譯所譯述**

光緒三十三年（一九〇七）九月初版　商務印書館譯印　説部叢書（涵目）

上圖　復旦

師範學堂用：黑板圖畫教科書　一册　**商務印書館編譯所編輯**

光緒三十三年（一九〇七）九月初版　上海商務印書館藏板（涵目）

北師大　民目

三疑案　一册　**英國男爵夫人奥姐原著　商務印書館編譯所譯述**

光緒三十三年（一九〇七）九月初版　上海商務印書館　袖珍小説（涵目）

上圖　復旦

盜窟奇緣　一册　**英國蒲斯培原著　商務印書館編譯所譯述**

光緒三十三年（一九〇七）九月初版　商務印書館譯印　説部叢書（涵目）

上圖　復旦

日本文典　一册　**日本芳賀矢一原著　商務印書館編譯所譯述**

丁未年（一九〇七）十月初版　商務印書館發行（涵目）

上圖　復旦

中山狼　一册　**美國女子文龍原著　商務印書館編譯所譯述**

光緒三十三年（一九〇七）十月初版　商務印書館印行　袖珍小説（涵目）

孔網

多那文包探案　一册　**英國狄克多那文原著　商務印書館編譯所譯述**

光緒三十三年（一九〇七）十一月初版　商務印書館譯印　説部叢書（涵目）

上圖　復旦

復國軼聞　一册　**英國波士俾原著　商務印書館編譯所譯述**

光緒三十三年（一九〇七）十一月初版　商務印書館譯印　説部叢書（涵目）

上圖　復旦

鬼士官　一册　**日本小〔二〕栗風葉著　商務印書館編譯所譯述**

光緒三十三年（一九〇七）十一月上海商務印書館發行　説部叢書（涵目）

上圖　實藤　復旦

科學小説：新飛艇　一册　**尾楷忒星期報社原著　商務印書館編譯所譯述**

光緒三十三年（一九〇七）十二月初版　商務印書館譯印　説部叢書（涵目）

上圖　復旦

橘英男　一册　**日本楓村居士原著　商務印書館編譯所譯述**

丁未年（一九〇七）十二月初版　上海商務印書館發行　説部叢書（涵目）

上圖　復旦

〔二〕　一九一四年版作「少」。

婚事小説：媒孽奇談　一册　英國白朗脱原著　商務印書館編譯所譯述
光緒三十三年（一九〇七）十二月初版　商務印書館印行　説部叢書（涵目）
上圖　復旦

婚事小説：一仇三怨　一册　美國沙斯惠夫人原著　商務印書館編譯所譯述
光緒三十三年（一九〇七）十二月初版　商務印書館譯印　説部叢書（涵目）
上圖　復旦

言情小説：情俠　一册　英國譚偉原著　商務印書館編譯所譯述
光緒三十三年（一九〇七）十二月初版　商務印書館譯印　説部叢書（涵目）
上圖　復旦

警世小説：苦海餘生録二十二回　一册　英國白來登女士原著　商務印書館編譯所譯述
光緒三十三年（一九〇七）商務印書館　説部叢書（涵目）
上圖　復旦

日俄戰紀全書　六册　**商務印書館編譯所譯**

光緒三十三年（一九〇七）商務印書館（徐樓）

上圖　復旦

偵探小說：三人影　一册　**美國樂林司朗治原著　商務印書館編譯所譯述**

光緒三十四年（一九〇八）正月初版　商務印書館譯印　説部叢書（涵目）

上圖　復旦

滑稽小說：化身奇談　一册　**英國安頓原著　商務印書館編譯所譯述**

光緒三十四年（一九〇八）正月初版　商務印書館譯印　説部叢書（涵目）

上圖　復旦

行路難　一册　**英國達溟原著　商務印書館編譯所譯述**

戊申年（一九〇八）正月　上海商務印書館　袖珍小説（涵目）

上圖　復旦

和文讀本入門　一册　**商務印書館編譯所編纂**
戊申年（一九〇八）正月初版　商務印書館（涵目）
孔綱

幻想翼　一册　**美國愛克乃斯格平原著　商務印書館編譯所譯述**
光緒三十四年（一九〇八）二月初版　上海商務印書館　袖珍小説（涵目）
上圖　復旦

俄王義文第四專制史：不測之威　二册　**俄國托爾斯泰原著　商務印書館編譯所重譯**
光緒三十四年（一九〇八）二月初版　商務印書館發行　歐美名家小説（涵目）
上圖　復旦

軍事小説：鐵血痕　二册　**英國倍來原著　商務印書館編譯所譯述**
光緒三十四年（一九〇八）二月初版　商務印書館譯印　説部叢書（涵目）
上圖　復旦

海衛偵探案　一册　**英國模利孫著　商務印書館編譯所譯述**
光緒三十四年（一九〇八）三月初版　商務印書館譯印　説部叢書（涵目）
上圖　復旦

雙喬記　一册　**美國杜伯原著　商務印書館編譯所譯述**
光緒三十四年（一九〇八）三月初版　商務印書館譯印　説部叢書（涵目）
上圖　復旦

歐美教育實際　一册　**日本小泉又一著　商務印書館編譯所編譯**
光緒三十四年（一九〇八）三月上海商務印書館印行
上圖　天津

日本明治學制沿革史　一册　**日本黑田茂次郎、日本土館長言原著　商務印書館編譯所譯述**
光緒三十四年（一九〇八）四月初版　上海商務印書館譯印（涵目）
上圖　天津

行政法各論　一册　**日本法學博士清水澄原著　商務印書館編譯所譯**

戊申年（一九〇八）四月初版　上海商務印書館印行（涵目）

上圖　復旦

新譯偵探小説：納里雅偵探談　一册　**法國哈倫斯原著　商務印書館編譯所譯述**

光緒三十四年（一九〇八）四月初版　商務印書館出版（涵目）

上圖　復旦

新譯言情小説：青衣記　二册　**英國傅蘭錫原著　商務印書館編譯所編譯**

光緒三十四年（一九〇八）七月初版　商務印書館印行（涵目）

上圖　孔網

冰天漁樂記　二册　**英國經司頓原著　商務印書館編譯所譯述**

光緒三十四年（一九〇八）五月初版　商務印書館譯印　説部叢書（涵目）

上圖　復旦

小學手工教科書八卷　二册　**商務印書館編譯所編纂**
光緒三十四年（一九〇八）五月初版　上海商務印書館印行
　民目

中學堂用書：倫理學教科書　一册　**日本服部宇之吉原著　商務印書館編譯所編譯述**
光緒三十四年（一九〇八）六月上海商務印書館印行（涵目）
　上圖　北師大

義俠小説：雙鴛侣　一册　**英國格得史密斯原著　商務印書館編譯所譯述**
光緒三十四年（一九〇八）六月初版　商務印書館譯印　説部叢書（涵目）
　上圖　復旦

劇場奇案　一册　**英國福爾奇斯休姆原著　商務印書館編譯所編譯**
光緒三十四年（一九〇八）六月初版　商務印書館印行　説部叢書（涵目）
　上圖　復旦

新譯美人磁　一册　**法國威廉規克斯原著　商務印書館編譯**
光緒三十四年（一九〇八）七月上海商務印書館發行　説部叢書（涵目）
上圖

筆記小説：新譯海外拾遺　一册　**英國畢脱利士哈拉丁原著　商務印書館編譯所譯述**
光緒三十四年（一九〇八）七月初版　商務印書館（涵目）
上圖　復旦

雙環案　一册　**美國尼哥拉原著　商務印書館編譯所譯述**
光緒三十四年（一九〇八）七月商務印書館出版
浙江

新譯偵探小説：女海賊　一册　**日本江見水蔭原著　商務印書館編譯所譯述**
光緒三十四年（一九〇八）七月初版　商務印書館出版（涵目）
上圖

新譯偵探小説：剖腦記 一册 **美國查普霖原著 商務印書館編譯所譯述**

光緒三十四年（一九〇八）八月初版 商務印書館出版（涵目）

復旦

諮議局章程：附資政院章程 一册 **商務印書館編譯所編輯**

光緒三十四年（一九〇八）八月初版 商務印書館印行（涵目）

上圖 復旦

蠹情記 一册 **英國鰓克瑞著 商務印書館編譯所譯**

光緒三十四年（一九〇八）八月 商務印書館 袖珍小説（涵目）

上圖 復旦

一聲猿 一册 **商務印書館編譯所編纂**

光緒三十四年（一九〇八）八月初版 上海商務印書館 袖珍小説（涵目）

上圖 復旦

怪醫案　一册　**美國企格林著　商務印書館譯**
光緒三十四年（一九〇八）上海商務印書館　袖珍小説（涵目）
上圖

青酸毒　一册　**英國格理尼著　商務印書館編譯所譯**
光緒三十四年（一九〇八）商務印書館　袖珍小説（涵目）
上圖

袖珍小説：傀儡美人　一册　**法國格斯達夫原著　商務印書館編譯所譯述**
光緒三十四年（一九〇八）商務印書館（涵目）
上圖

漢譯日本議會法規　一册　**日本政府編　商務印書館編譯所譯**
光緒三十四年（一九〇八）商務印書館（涵目）
上圖　天津

大清光緒新法令　二十册　**商務印書館編譯所編纂**

宣統元年（一九〇九）二月初版　商務印書館（涵目）

國圖　首都

新譯偵探小説：蛇環記　一册　**美國尼果拉原著　商務印書館編譯所譯述**

己酉年（一九〇九）閏二月初版　商務印書館出版（涵目）

上圖　復旦

新法令輯要　一册　**商務印書館編譯所編纂**

宣統二年（一九〇九）三月初版　商務印書館（涵目）

國圖

上海指南九卷　一册　**商務譯書館編輯**

宣統元年（一九〇九）五月初版　商務印書館發行（涵目）

上圖　復旦

新譯偵探小說：秘密社會　一册　**美國尼古刺原著　商務印書館編譯所譯述**

宣統元年（一九〇九）六月初版　商務印書館出版（涵目）

上圖　浙江　民刊

言情小說：錯中錯　二册　**商務印書館發行著作**

己酉年（一九〇九）八月初版發行　上海商務印書館發行　説部叢書（涵目）

上圖　復旦

哀情小說：新譯墮淚碑　二册　**英國布斯俾原著　商務印書館編譯所譯述**

宣統元年（一九〇九）九月初版　商務印書館（涵目）

上圖　復旦

理科教授指南　一册　**商務印書館編譯所編纂**

庚戌年（一九一〇）二月初版　上海商務印書館印行（涵目）

國圖

自助論（一題西國立志編）　一册　**商務印書館編譯所編纂**

宣統二年（一九一〇）二月改正再版　上海商務印書館印行

上圖

上海地名表一卷　一册　**商務印書館編譯所編纂**

庚戌年（一九一〇）四月初版　商務印書館（徐樓）

孔網

南洋勸業會之紀念：交通必攜　一册　**商務印書館編譯所編輯**

宣統二年（一九一〇）五月初版　上海商務印書館發行（涵目）

孔網

南洋勸業會遊記附遊覽須知　一册　**商務印書館編譯所編纂**

宣統二年（一九一〇）七月初版　上海商務印書館發行（涵目）

上圖

大清光緒宣統新法令分類總目　一册　**商務印書館編譯所編纂**

宣統二年（一九一〇）八月初版　商務印書館（涵目）

孔網

地方自治精義　一册　**日本法學博士水野練太郎著　商務印書館編譯所編譯**

宣統二年（一九一〇）十二月初版　商務印書館（涵目）

南大

最新解剖生理衛生學　一册　**商務印書館編譯所編譯**

庚戌年（一九一〇）十二月初版　商務印書館（涵目）

上圖　北師大

日本六法全書　一册　**商務印書館編譯所編譯**

宣統三年（一九一一）六月初版　商務印書館（涵目）

上圖　復旦

菲利濱獨立戰史　一册　**商務印書館編譯所編纂**

辛亥年（一九一一）十月初版　商務印書館發行（涵目）

上圖

葡萄牙革命史　一册　**商務印書館**

宣統辛亥年（一九一一）十月　商務印書館發行（涵目）

北師大

法美憲法正文　一册　**商務印書館編譯所編譯**

辛亥年（一九一一）十月初版　商務印書館（涵目）

上圖　復旦

美國獨立戰史　一册　**商務印書館編譯所編纂**

辛亥年（一九一一）十月再版　商務印書館（涵目）

浙江

袖珍上海指南　一册　**商務印書館編纂**
辛亥年（一九一一）十月初版　商務印書館發行（涵目）
上圖

世界共和國政要　一册　**商務印書館編譯所編譯**
民國元年（一九一二）四月再版　上海商務印書館印行（涵目）
上圖

中國秘密社會史　一册　**商務印書館編譯所編纂**
民國元年（一九一二）五月初版　商務印書館（蘇二、徐樓）
上圖　浙江

外交祕事　一册　**日本千葉紫草原著　商務印書館編譯所編譯**
民國元年（一九一二）十二月上海商務印書館發行　小本小説
上圖　浙江

未見三種詳附表： 羅仙小傳、中國革命史、時調唱歌

上海大同譯書局

成立於一八九七年。以東文爲主而輔以西文，以政學爲先而次以藝學。至舊譯希見之本、邦人新著之書，其有精言，悉在采納。或編爲叢刻，以便購讀；或分卷單行，以廣流傳。首譯各國變法之事及將變未變之際一切情形之書，以備取法。譯學堂各種功課，以備誦讀。譯憲法書，以明立國之本。譯章程書，以資辦事之用。譯商務書，以興中國商學，挽回利權。大約所譯先此數類。自餘各門，隨時閒譯一二，種部繁多，無事枚舉。（梁啓超《大同譯書局叙例》載《時務報》一八九七年十月十六日）

未見一種詳附表： 中西新學戰史叢書

樂群書局

光緒二十七年（一九〇一）前，汪繼甫慶祺創辦。主要經營教科書，曾編輯出版國文、格致、心算、筆算、歷史、地理等小學課本多種。一九〇六年創刊《月月小説》。因編輯出版教科書被商務印書館控告侵犯版權，敗訴。一九〇六年購得上海官書局印刷設備及生財，書局始用樂群圖書編譯局名稱，選地造屋，增置鉛石印機，將書局分爲發行、印刷、編譯三部門。發行部設棋盤街原址，印刷編譯部設於美租界垃圾橋北

開封路。一九〇七年[一]，沈知方與王均卿接盤該書局，並加泰記牌號。（萬啓盈編《中國近代印刷工業史》）

初等小學國文新教科書　一册　**樂群圖書編譯局編纂　陸保璇、楊天驥訂正**

光緒三十二年（一九〇六）五月初版　上海求是學社　樂群書局（涵目）

民目

未見二種詳附表： 初等小學遊戲體操教科書、女子國文教科書

人演社

時當辛丑（一九〇一）和議之後，海禁大開。有識之士皆知本國文化遠遜歐西，莊俞乃與嚴練如、謝仁冰、胡君復諸君設立人演譯社於上海，譯印東西文新書，以事溝通。（莊適《莊俞家傳》載《民國人物碑傳集》卷五）

[一]《泰記樂群書局開張廣告》載《申報》一九〇七年十一月二十二日第六版。

家庭教育　一册　**日本民友社原著　上海人演社譯著**

光緒二十九年（一九〇三）四月初版　上海文明書局印行（涵目、中目）

首都　北師大

佛國革命戰史　一册　**日本澁江保著　人演社譯**〔一〕

光緒二十九年（一九〇三）四月發行　人演譯社出版（總目）

上圖　浙江

英國大政治家：格蘭斯頓　一册　**人演社譯**

光緒二十九年（一九〇三）五月發行　人演社出版　文明書局印刷（涵目）

浙江

二十世紀之學生　一册　**日本柳内蝦洲著　人演社譯**

光緒二十九年（一九〇三）六月發行　人演社出版　文明書局印刷（徐樓）

〔一〕　書後版權頁署「譯者人演譯社社員，印刷所文明書局，發行所文明書局，發行所開明書店」。

孔網

美國教育制度　二册　**日本納富忠一著　人演社譯**

光緒二十九（一九〇三）六月發行　大同書局、文明書局印刷　開明書店、出洋學生圖書雜誌總發行所發行（浙目、總目）

上圖

德意志史　平裝三册　**日本文學士白石真編　人演社譯**〔一〕

光緒二十九年（一九〇三）六月發行　人演社出版　文明書局印刷（浙目）

孔網

近世世界商工歷史十章　一册　**日本桐生政次著　人演社譯**

光緒二十九年（一九〇三）大同書局鉛印本（總目）

貴州

〔一〕上編卷首署「陽湖楊擇譯」，未見中編、下編。「人演社譯」據封面。

廣智書局

光緒二十八年（一九〇二）由香港人馮鏡如在上海開設，翻譯西書、刊印出售。局中刊刻各書，均系自譯之本。（《欽命二品頂戴江南分巡蘇松太兵備道袁爲給示諭禁事》）

東亞各港口岸志　一册　**日本參謀本部編輯　上海廣智書局譯印**

光緒二十八年（一九〇二）五月　廣智書局（提要、經眼、徐樓、涵目）

上圖　浙江　天津

增補族制進化論　一册　**日本有賀長雄著　上海廣智書局譯**

光緒二十八年（一九〇二）六月發行　廣智書局（提要）

浙江

道德進化論　一册　**日本户水寬人著　廣智書局譯**

光緒二十八年（一九〇二）八月　廣智書局（提要、涵目）

天津

德相俾斯麥傳　一册　**上海廣智書局同人編譯**

光緒二十八年（一九〇二）十一月　廣智書局（經眼、提要、涵目）

上圖

學生讀書法　一册　**駿臺隱士著　廣智書局譯**

光緒二十八年（一九〇二）十一月發行　上海廣智書局

浙江

萬國商業地理志一卷　一册　**英國嘉楂德著　廣智書局譯**

光緒二十八年（一九〇二）廣智書局（提要、涵目）

國圖

義務論　一册　**美國法學博士海文著　廣智書局同人譯**

光緒二十九年（一九〇三）二月　廣智書局印行（提要、涵目）

辭書出版社　蘇州大學

地球與彗星之衝突　一册　**日本横山又次郎編　廣智書局譯**
光緒二十九年（一九〇三）三月發行　廣智書局（涵目）
孔網

意將軍加里波的傳　一册　**上海廣智書局同人編譯**
光緒二十九年（一九〇三）三月發行　上海廣智書局印　傳記小叢書第三種（經眼、提要、涵目）
上圖

德育及體育二卷　一册　**日本久保田貞則編纂　上海廣智書局同人譯**
光緒二十九年（一九〇三）三月發行　上海廣智書局印行（提要、涵目）
上圖　天津

英吉利史　二册　**須永金三郎著　廣智書局譯印**
光緒二十九年（一九〇三）十一月　上海廣智書局印行（涵目）
復旦　浙江　天津

日本維新三十年史四卷　六册　**日本東京博文館編輯　上海廣智書局譯印**

光緒二十九年（一九〇三）上海廣智書局印行（徐樓）

浙江

華英商賈會話　一册　**上海廣智書局編譯**

光緒三十年（一九〇四）十一月初版　上海廣智書局

浙江

粵軍志　一册　**日本海軍大尉曾根俊虎著　廣智書局譯印**

光緒三十年（一九〇四）十二月初版　廣智書局發行

上圖　浙江　天津

中學用世界地理教科參考書第一編　一册　**廣智書局編輯部編述**

光緒三十一年（一九〇五）十一月初版　廣智書局（涵目）

浙江　天津　民目

華英合璧二十世紀新讀本第二：訓蒙編　一册　**上海廣智書局編譯**

光緒三十一年（一九〇五）上海廣智書局

天津

中學用世界地理教科書第一編　一册　**廣智書局編纂**

光緒三十二年（一九〇六）一月初版　廣智書局

浙江　民目

新法英語教科書　一册　**廣智書局著**

光緒三十二年（一九〇六）廣智書局

天津

華英商業會話　一册　**廣智書局編譯**

光緒三十三年（一九〇七）廣智書局

浙江　天津

三星使書牘　二册　**廣智書局編輯部編輯**

光緒三十四年（一九〇八）四月朔日印行　廣智書局

上圖　天津

未見一種詳附表：　法制進化論

作新社

光緒壬寅（一九〇二），戢翼翬與日人下田歌子合資創設於上海英租界大馬路福源里二十號。專以譯著新學書籍及販賣科學儀器爲宗旨；同時復刊印《大陸報》月刊，以繼承《國民報》之統緒。（馮自由《記上海志士與革命運動》載《革命逸史》第二集）

萬國歷史　一册　**作新譯書局譯**

光緒二十八年（一九〇二）陰曆六月發行　作新譯書局藏版（經眼、提要、涵目）

上圖　復旦　民目

新編國家學　一册　**作新社編纂**
光緒二十八年（一九〇二）陰曆八月發行　作新社藏版（涵目）
上圖　天津

可薩克東方侵略史一卷〔一〕　一册　**作新社譯**
光緒二十八年（一九〇二）陰曆九月發行　作新社藏版（經眼、提要、涵目）
上圖　華東師大　浙江

各國憲法大綱　一册　**作新社編譯**
光緒二十八年（一九〇二）陰曆九月發行　作新社藏版（提要、涵目）
上圖　浙江

第十九世紀歐洲政治史論　一册　**作新社編譯**
光緒二十八年（一九〇二）陰曆九月發行　作新社藏版（涵目）

〔一〕「可」，該書封面題籤作「可」，卷首作「歌」。

孔網

日本維新三十年大事記一卷　一册　**作新社編譯**

光緒二十八年（一九〇二）陰曆十月發行　作新社（涵目）

上圖　浙江　民刊

白山黑水録　一册　**作新社編譯**

光緒二十八年（一九〇二）陰曆十月發行　作新社藏版（提要、涵目）

上圖　復旦　浙江

新編家政學　一册　**日本下田歌子著　作新社譯**

光緒二十八年（一九〇二）陰曆十月發行　作新社藏版（提要、涵目）

上圖　浙江

加藤弘之講演集　一册　**日本加藤弘之著　作新譯書局譯**

光緒二十八年（一九〇二）陰曆十一月發行　作新社（經眼、涵目）

華東師大　浙江

男女交合新論　一册　**美國法烏羅著　作新社譯**

光緒二十八年（一九〇二）十二月發行　作新社

孔網

世界近世史前後編二卷　一册　**日本松平康國編　作新書局譯**

光緒二十八年（一九〇二）作新書局（經眼、提要）

實藤

最近外交史二卷　一册　**作新社編譯**

光緒二十八年（一九〇二）作新社（經眼、提要、涵目）

上圖　浙江

萬國史略四卷　一册　**作新社譯**

光緒二十八年（一九〇二）作新社（書録、徐樓、涵目）

浙江

支那化成論　一册　**英國胡奮原著　作新社譯**

光緒二十九年（一九〇三）正月發行　作新社藏版（提要）

孔網

普通體操法　一册　**作新社著**

光緒二十九年（一九〇三）一月初版發行　作新社（涵目）

孔網

澳洲風土記　一册　**美國白雷特著　作新社譯**

光緒二十九年（一九〇三）一月發行　作新社發行（經眼、提要、涵目）

上圖　浙江　天津　實藤

新社會　一册　**作新社譯**

光緒二十九年（一九〇三）陰曆一月發行　作新社藏版（涵目）

上圖

最新經濟學 一册 **作新社編譯**

光緒二十九年（一九〇三）陰曆一月發行 作新社藏版

上圖

新編植物學教科書 一册 **作新社譯**

光緒二十九年（一九〇三）陰曆一月發行 作新社藏版（涵目）

上圖

新編動物學 一册 **作新社譯**

光緒二十九年（一九〇三）陰曆三月發行 作新社藏版（經眼）

上圖 浙江 民目

最新財政學 一册 **作新社譯**

光緒二十九年（一九〇三）三月發行 作新社藏版（涵目）

天津　孔網

法律學教科書一卷　一册　**作新社編譯**

光緒二十九年（一九〇三）四月發行　作新社藏版（經眼、涵目）

上圖　浙江

新編世界地理　一册　**作新社編纂**

光緒二十九年（一九〇三）陰曆四月五版發行　作新社藏版（經眼、提要、徐樓）

上圖　浙江　民目

警察學　一册　**作新社編譯**

光緒二十九年（一九〇三）前五月發行　作新社藏版（涵目）

國圖

理化學提綱　一册　**作新社譯**

光緒二十九年（一九〇三）閏五月發行　作新社藏版（涵目）

上圖　華東師大

商工地理學　一册　**作新社編**〔一〕

光緒二十九年（一九〇三）閏五月發行　作新社藏版（涵目）

上圖

教育史教科書　一册　**作新社譯**

光緒二十九年（一九〇三）七月出版　作新社藏版（經眼、涵目、浙目）

國圖

行政法　一册　**作新社編譯**

光緒二十九年（一九〇三）七月發行　作新社藏版（涵目）

上圖

〔一〕　書前《凡例》：「日本法學士永井惟直編輯。」

世界文明史　一册　**上海作新社譯**
光緒二十九年（一九〇三）七月發行　作新社藏版
浙江

成吉思汗十七章　一册　**日本太田三郎著　武進屠寬元博編譯**〔一〕
光緒二十九年（一九〇三）七月發行　作新社藏版（涵目）
國圖

朝鮮史略　一册　**作新社圖書局譯**
光緒二十九年（一九〇三）八月發行　作新社（涵目）
國圖

支那人之氣質　一册　**美國斯密斯著　作新社譯**
光緒二十九年（一九〇三）八月發行　作新社藏版（涵目）

〔一〕書後版權頁作：「譯者：上海作新社。」

華東師大　天津　美國哈佛燕京

實驗小學教授術　一册　**日本山高幾之丞著　作新社譯**

光緒二十九年（一九〇三）八月初版　作新社（涵目）

民目

美國獨立戰史　一册　**作新社圖書局譯**

光緒二十九年（一九〇三）九月　作新社圖書局（涵目）

浙江

近世外交史　一册　**上海作新社譯**

光緒二十九年（一九〇三）作新社藏版（涵目）

華東師大　浙江

意大利獨立戰史　一册　**作新社譯**

光緒二十九年（一九〇三）作新社（涵目）

上圖

英國維新史　一册　**作新社編纂**

光緒二十九年（一九〇三）作新社藏版（涵目）

孔綱

興國史談　一册　**作新社譯**

光緒二十九年（一九〇三）作新社（涵目）

浙江　實藤

政法類典　四册　**上海作新社編譯**

甲、歷史之部：光緒二十九年（一九〇三）前五月發行　作新社藏版（涵目）

乙、政治之部：光緒二十九年（一九〇三）後五月發行　作新社藏版（涵目）

丙、法律之部：光緒三十一年（一九〇五）四月發行　作新社藏版（涵目）

丁、經濟之部：光緒三十二年（一九〇六）五月發行　作新社藏版（涵目）

上圖

甲、歷史之部

上古史

中古史

世界近世史

近世政治史

近世外交史

文明史

乙、政治之部

國家學

國法學

各國憲法

行政學附警察學

農政學（涵目）

社會學（涵目）

丙、法律之部

法學通論

民法要論
刑法汎論（涵目）
商法汎論
國際法（公法、私法）
羅馬法大綱（涵目）

丁、經濟之部[一]

經濟學
財政學
租稅論
貨幣論（涵目）
銀行論
外國貿易論

租稅論　一册　**作新社編譯**

光緒三十一年（一九〇五）十月發行　作新社藏版

[一]　本子目承孔夫子舊書網雷雨書屋上海劉宗禕先生惠示，特此致謝！

孔網

法學通論　一册　**作新社編纂**
光緒三十二年（一九〇六）二月四版　作新社藏版（經眼、涵目）
孔網

新黨發財記（一題新黨陞官發財記）十六回　一册　**作新社印刊**
光緒三十二年（一九〇六）三月發行　作新社（涵目）
上圖　浙江

新編博物學教科書　一册　**作新社編譯**
光緒三十二年（一九〇六）閏四月發行　作新社藏版（涵目）
華東師大

東文動詞字彙　一册　**作新社著**
光緒三十二年（一九〇六）十二月發行　作新社發行

孔網

東中大辭典　一册　**作新社著**

戊申（一九〇八）五月發行　作新社藏版

孔網

未見六種詳附表：商工理財學、農政學、地方制度要義、社會主義概評、新編礦物學教科書、新編生理學教科書

南洋公學譯書院

一八九八年設立於南洋公學内，廣購日本及西國新出之書，延訂東西博通之士，擇要翻譯，令師範院諸生之學識優長者筆述之。譯成之書，次第付刻。（盛宣懷光緒二十八年《奏請設立譯書院片》）

蒙學課本　一册　**師範生陳懋治、杜嗣程、沈叔逵等編**〔一〕

光緒己亥（一八九九）南洋公學二次排印

〔一〕原書無署名，此處據《教科書之發刊情況》，載《第一次中國教育年鑒》戊編《教育雜録》，開明書店，一九三四年。

上圖　蘇州大學

新訂蒙學課本初編〔一〕　一册　**南洋公學師範院編**

光緒二十七年（一九〇一）孟夏南洋公學第一次印　上海商務印書館代印（涵目）

復旦　民目

新訂蒙學課本二編　一册　**南洋公學師範院編**

光緒二十七年（一九〇一）孟夏南洋公學第一次印　上海商務印書館代印（涵目）

復旦　民目

新訂蒙學課本三編　一册　**南洋公學師範院編**

光緒二十七年（一九〇一）孟夏南洋公學第一次印　上海商務印書館代印（涵目）

復旦　人大　民目

〔一〕朱聯保《近現代上海出版業印象記》謂此三編「係朱樹人編，仿美英讀本體例而編，爲未有正式教科書以前的童蒙讀物的一種」。

格致讀本　二册　**英國莫爾顯原著　南洋公學譯書院譯印**〔一〕
光緒二十八年（一九〇二）六月南洋公學譯書院第二版（經眼、涵目）
蘇州大學　北大　北師大

英國樞政志十四卷　一册　**英國圖雷爾原著　南洋公學師範院譯**
光緒二十八年（一九〇二）九月南洋公學譯書院第一版（提要、涵目、中目）
上圖　華東師大　北大

西比利亞鐵路考　一册　**南洋公學史學教習美國勒芬邇著　政治班徐兆熊、王建極、朱煌同譯**
光緒二十八年（一九〇二）南洋公學（涵目）
國圖　浙江

中等格致課本　八册　**南洋公學譯**〔二〕
光緒二十九年（一九〇三）仲春南洋公學第一次印行（經眼）

〔一〕《譯書經眼録》謂：「李維格、伍光建訂。」
〔二〕《民國時期總書目·中小學教材》：原書無署名。《譯書經眼録》：徐兆熊譯，第二卷徐□□、陳昌緒合譯。

英國文明史　五册　**英倫勃克魯原本　南洋公學譯印**

光緒廿九年（一九〇三）五月第一次活字擺印　南洋公學譯書院印（經眼）

國圖　上圖　復旦　華東師大

英國財政志七卷　二册　**英國懷爾森撰　南洋公學師範院譯**

光緒二十九年（一九〇三）南洋公學譯書院鉛印本

國圖　上圖

亞東貿易地理四卷　四册　**日本永野耕造著　南洋公學譯**

光緒二十九年（一九〇三）南洋公學譯書院（徐樓）

國圖

商業實務志　五册　**日本佐佐木信夫撰　南洋公學譯**

光緒二十九年（一九〇三）南洋公學譯書院鉛印本（中目）

國圖

未見二種詳附表：普通教範體操教科書、列國史

文明書局

本局於壬寅（一九〇二）三月創議集股，六月朔日開張於上海四馬路胡家宅，設編譯所於棋盤街，設出張所於北京、保定，兩處均已設立分局。於所印書籍，無論自行編譯或收買分利之稿本，皆挑選至精，不容濫廁，大抵皆學界不可不讀之書。故刻下京師大學堂、八旗宗室各學堂及順直全省大中小各學堂所用課本皆本局之書。（創辦股東廉泉惠卿、總理人俞復仲遠、創辦股東丁寶書藝軒、司帳人陳育仲英《上海文明編譯印書局續招股分章程》載《華北譯著編》卷十九）

二百年後之吾人　一册　**文明書局編譯所**

光緒二十八年（一九〇二）十一月文明書局鉛印本（涵目）

國圖

初等植物學教科書　一册　**日本齊田功太郎、染谷德五郎合著　上海文明書局譯**

光緒二十八年（一九〇二）十一月文明書局鉛印本（涵目）

國圖

高等小學遊戲法教科書　一册　**文明書局編譯**〔一〕

光緒二十九年（一九〇三）十一月初版　上海文明書局

南京曉莊

埃及慘狀　一册　**美國濮因約翰著**　**文明書局譯**

光緒二十九年（一九〇三）文明書局鉛印本（涵目）

常州

小學修身唱歌書　一册　**文明書局編纂**

光緒三十一年（一九〇五）八月初版　文明書局鉛印本

民目　孔網　南京曉莊

〔一〕　書後版權頁作「吴縣董瑞椿譯著」。

未見一種詳附表：世界讀本

國民叢書社

位於新閘新馬路餘慶里十九號，宜昌王君慕陶所創立，爲湖北學生公益起見，遞書售報，同鄉公舉以爲上海機關，於湖北關係甚大。（《湖北在滬學生代王劉二君公告》載《大陸》一九〇三年十一月第十二號）

世界近世史　一册　**日本松平康國原著　中國國民叢書社譯述**

光緒二十八年（一九〇二）十二月首版　上海商務印書館印行　歷史叢書第一集第一編（涵目）

國圖　山東大學　人大

德國學校制度　一册　**日本加藤駒二纂著　中國國民叢書社譯**

光緒二十九年（一九〇三）二月首板　商務印書館印行　政學叢書第二集第三編（涵目）

國圖　浙江　北大　首都　天津

希臘史　一册　**日本桑原啓一纂著　中國國民叢書社譯述**

光緒二十九年（一九〇三）三月首版　上海商務印書館印行　歷史叢書第一集第五編（涵目）

國圖　浙江　常州

法國革命戰史　一册　**日本澀江保著　中國國民叢書社譯**

光緒二十九年（一九〇三）三月首板　商務印書館印行　戰史叢書第一集第四編（涵目）

上圖　北大

日本監獄法　一册　**日本佐藤信安原著　中國國民叢書社譯**

光緒二十九年（一九〇三）三月首版　商務印書館印行　政學叢書（涵目）

國圖　常州　人大

動物進化論　一册　**英國達爾文創義　美國摩爾斯口述　日本石川千代松筆記　中國國民叢書社重譯**

一千九百三年（一九〇三）六月三日發行　國民叢書社總發行所發行　國民叢書第一種（涵目）

浙江

哲學十大家　一册　**國民叢書社翻譯**

光緒二十九年（一九〇三）五月首次印行（涵目）

上圖　浙江

法國奇女：惹安達克　一册　**日本中内蝶二著　國民叢書社譯**

光緒二十九年（一九〇三）新民譯印書局（涵目）

浙江

世界歷史之四：英國名將寧爾遜傳〔一〕　一册　**日本島田文之助著　上海國民叢書社譯**

光緒二十九年（一九〇三）新民譯印書局（涵目）

浙江

近世歐洲大事記（一題政治史）　一册　**日本森山守次著　中國國民叢書社譯**

光緒癸卯年（一九〇三）閏五月發行　國民叢書社發行　國民叢書附刊之二（涵目）

上圖　浙江

〔一〕「爾」，或作「目」字。

開明書店

本店開設上海四馬路老巡捕房東首辰字第十五號〔一〕，以廣開風氣，輸布文明相號召，專代各省官紳、海内志士購運書籍。凡各譯局之新書、各學堂之課本以及東文、英文之書，均可代寄。又代各省學堂配購中、英、東文教課讀本等書，並發行譯書彙編社各書、中學教科輯譯社各書、泰東時務印書局各書、東洋留學生等所譯書、育材學堂教科書。各地志士有新譯新著之書，本店可以代印代銷，力爲推廣，以副衆望。本店零躉批發無不格外從廉，庶幾新書盛行而人人易於購讀。（《中外日報》一九〇二年七月八日〔二〕）

日本維新百傑傳 一册 **日本干河岸貫一著 開明書店譯**

光緒二十九年（一九〇三）開明書店（涵目）

浙江

務本女塾

初，吴懷久先生有志興辦女學，當光緒二十八年壬寅（一九〇二）即以其西倉橋原有家塾遷至花園

〔一〕遷移至棋盤街同芳居斜對門五百十五、十六號，見《申報》一九〇七年七月二十四日第一版。

〔二〕轉引自張仲民《出版與文化政治：晚清的「衛生」書籍研究》第三章第二節。

弄，定名爲務本女塾，於十月二十四日開學，學生僅七人。吴先生於部署校務之餘，兼任教科。逾年，學生即有四十人，來學者日寖成群。因添租就近俞家弄民屋，漸臻擴大。乃參酌部頒學制，釐訂章則，分設學級。光緒三十二年（一九〇六），購得黄家闕舊營地十三畝有奇，即於翌年自建校舍。（《上海市立務本女子中學概況》一九三四年、姚文枏總纂《上海縣續志》卷十一《學校》下）

幼稚必用：恩物圖説　一册　**日本關信三著　務本女塾譯**

光緒三十年（一九〇四）八月　鏡今書局（涵目）

浙江

時中書局

本局延聘通才編譯泰西藝文，並設駐東編譯所於日本，譯收東西各國新書，陸續付印，裝訂精美，取價從廉。局設滬南高昌廟桂墅里。（張肇熊編譯《最新萬國政治制度》書後〔一〕）

統計學　一册　**時中學社編輯　鈕永建校**

光緒二十九年（一九〇三）七月發行　上海時中學社

〔一〕光緒二十九年七月五日發行。

國圖　浙江

心界文明鐙　一册　**時中書局編譯所著**

光緒二十九年癸卯（一九〇三）八月出版　上海時中書局出版（涵目）

上圖

女子新世界　一册　**日本三輪田直佐子著**〔一〕　**時中書局譯**

光緒二十九年（一九〇三）八月　時中書局（涵目、總目）

浙江　天津

亞洲三傑：帖木兒、成吉思汗、豐臣秀吉　一册　**時中書局編譯所著**

光緒二十九年（一九〇三）十月出版　上海時中書局出版（涵目）

上圖　華東師大　浙江　常州　天津

〔一〕「直」，或作「真」字。

丈夫之本領　一册　**時中書局編譯所著**

光緒二十九年癸卯（一九〇三）十月出版　上海時中書局出版（涵目）

浙江

奇想　一册　**時中書局編譯所著**

光緒三十年（一九〇四）正月出版　上海時中書局出版（涵目）

上圖　華東師大

普通各科教授法　一册　**時中書局編譯所著**

光緒三十年（一九〇四）正月　時中書局（涵目）

浙江

教授法沿革史　一册　**時中書局編譯所**

光緒三十年（一九〇四）六月　時中書局（涵目）

國圖　浙江

中外約章纂新十卷　十册　時中書局輯
光緒甲辰（一九〇四）上海時中書局出版
天津　北大　人大　清華

西洋歷史提要　一册　日本有賀長文著　時中書局譯
光緒甲辰（一九〇四）上海時中書局出版（涵目）
上圖

冒險小説：無人島　一册　篷騷主人編譯[一]
光緒三十二年（一九〇六）三月出版　上海時中書局出版
孔網

商業學校教科書：重要商品志　一册　日本理學士石川巖著　江蘇吴縣葉基楨譯[二]
光緒三十二年丙午（一九〇六）十月出版　上海時中書局出版

[一]　版權頁署「時中書局編輯」。
[二]　版權頁署「時中書局編譯所編譯」。

上圖

日本經營支那政策　一册　**日本佐藤虎次郎著　時中書局編譯所譯**

光緒三十二年（一九〇六）時中書局（涵目）

浙江

格致讀本卷三卷四　一册　**英國莫爾顯原本　時中書局編譯所譯**

上海時中書局排印本（經眼）

孔網

未見三種詳附表：經濟綱要一卷、政體論、高等小學中國史教科書

新智社

全稱爲日商新智社，設於上海英租界福州路第二十五號，代表者爲宫崎德太郎。上海新智社東京分局位於日本東京市小石川區同心町二十五番地。（《漢譯兵式體操教範》版權頁）

男女衛生新論（一題延壽得子法）　一册　**新智社編輯**

光緒二十九年（一九〇三）四月出版　新智社藏版

孔網

法制教科書　一册　**日本法學博士和田垣謙三原著　上海新智社編輯局飜譯**

光緒二十九年（一九〇三）八月出版　新智社藏版

上圖

理財教科書　一册　**日本法學博士和田垣謙三原著　上海新智社編輯局飜譯**

光緒二十九年（一九〇三）八月出版　新智社藏版

上圖

最近支那革命運動　一册　**日本田野桔次撰　新智社編輯局補譯**

光緒二十九年（一九〇三）上海新智社

浙江

東語完璧　一册　**新智社編輯局編纂**
明治三十八年（一九〇五）新智社藏版
孔網

政學綱要（一題政治理財群學原理）　一册　**英國托馬司拉列氏著　上海新智社編輯局補譯**
光緒三十一年（一九〇五）上海新智社
浙江

漢譯兵式體操教範　一册　**陸軍步兵大尉宮井鎮男、宏文學院教授山川三磨共編　上海新智社編輯局翻譯**
光緒三十三年（一九〇七）三月發行　新智社藏版（涵目）
孔網

實用解剖學卷一　一册　**醫科大學教授醫學博士小金井良精校閲　故醫科大學助教授今田束著　新智社編譯**
光緒三十三年（一九〇七）三月出版　新智社藏版

孔綱

漢譯日語大辭典 二册 **新智社編輯局編纂**

明治四十年（一九〇七）新智社（涵目）

同濟大學

亞氏無機化學 一册 **德國卡爾爾阿諾托著 上海新智社譯**

光緒三十四年（一九〇八）三月發行 上海新智社

上圖 浙江

嘉定學會

光緒三十年（一九〇四），潘元善集合同志購置物理、化學儀器，備學者試驗。又與同志創立嘉定學會，分門研究，以造就師資。係由原廣益學會改組而成，並發行《嘉定學會月報》。（喬詠屺編《嘉定名人傳》、《嘉定縣續志》卷十一）

未見一種詳附表： 教科書批評

上海城東女學堂

光緒三十年（一九〇四），楊士照，字白民，請於父母，就上海南市竹行弄故居創立城東女學堂，夫人詹練一脱簪珥以助。一時婦若女聞風奮起，無遠近咸集，相尚苦學，盪爲校風。白民綜持校事，兼理教務，夙夜辛勤。校始設小學，後次第設幼稚園、師範專修科、國文算術專修科、音樂圖畫專修科，而圖畫專科尤盛。蓋白民擅繪事，故從學者，多有所成就。（黄炎培《楊白民先生墓誌銘》載《近代教育先進傳略》初集）

女子裁縫手工教科書　一册　**上海城東女學堂**

宣統二年（一九一〇）有正書局（涵目）

國圖

小説林社

光緒甲辰年（一九〇四），徐念慈、曾孟樸等創設小説林社，廣邀黄摩西、知新室主、天虚我生、奚若及陳鴻璧女士等諸名家分任撰譯，復徵求外稿，儘量羅致，不遺餘力，遂開我華小説界之曙光。新小説之最先出現者，如零星散籍，爲數殊尠而寂寞沉悶，尤未能受讀者之歡迎。小説林社以提倡小説爲唯一之主旨，於刊行小説外，絶不兼營其他書籍，亦不計銷行力之如何。月必出版新小説五六種，商務印書館亦踵之而興，出版之數與之相埒，於是新小説頓增光彩，在文學史上佔得相當之位置焉。光緒丙午（一九〇六），慨祖國積弱值競争潮渦，非昌明學術不足以自立，特組織增設宏文館，編譯學堂、社會需用教科參考各種有用書籍，以爲學界蠡勺之助。（菊屏《説苑珍聞》載《申報》一九二六年十二月十一日第十七版、《申報》一九二七年二月十日第十七版、徐念慈《小説林緣起》載《小説林》創刊號、《謹告小説林社創設宏文館之趣意》載《少年偵探》書前扉頁）

歷史小説：法國女英雄彈詞十回　一册　**挽瀾詞人著**〔一〕

甲辰（一九〇四）八月初版　小説林總發行

上圖

豔情小説：雙豔記　一册　**英國佛露次斯著**　**小説林編輯員譯述**〔二〕

甲辰（一九〇四）十月初版　小説林總發行

上圖　華東師大　浙江

〔一〕 版權頁署「小説林社發行兼編譯」。

〔二〕 版權頁署「小説林社發行兼編譯」。

母夜叉　一册　**小説林社發行兼編譯**

乙巳（一九〇五）四月初版　小説林總發行　小説林偵探小説之一

上圖

艷情小説：妬之花　一册　**英國洛克司克禮佛著　小説林社譯述**

乙巳（一九〇五）六月初版　小説林總發行（涵目）

上圖　復旦　浙江

家庭小説：小公子　二册　**小説林社員譯述**

乙巳（一九〇五）七月、十一月初版　小説林總發行所發行（涵目）

上圖　北師大

車中美人十二章　一册　**社員譯述**〔一〕

乙巳（一九〇五）十一月初版　小説林總發行所發行　小説林言情小説之一（涵目）

〔一〕　版權頁署「小説林總編譯所編輯」。

上圖　浙江

情海魔　一册　**美國柯怖著　木子、不才同譯**(一)

丁未（一九〇七）十一月初版　小説林社總發行所發行

華東師大

遺囑　一册　**英國華登原著**(二)

光緒三十四年（一九〇八）正月初版　小説林社總發行所發行

上圖　浙江

將家子　一册　**小説林總編譯所著述**

光緒戊申年（一九〇八）四月初版　小説林總發行所發行（涵目）

上圖

(一) 版權頁署「小説林社編譯」。

(二) 版權頁署「小説林社總編譯所編譯」。

上海越社

簡介不詳。

蒙學堂學生用書：最新婦孺唱歌書　綫裝一册　**上海越社編輯**

光緒三十年（一九〇四）五月首版　上海越社印行

浙江　浙大

彪蒙書室

一九〇三年創立於杭州，一九〇五年遷上海。（鄭逸梅《最早編印白話教科書的彪蒙書室》載《書報話舊》）

小學堂用：中外豪傑史讀本　一册　**彪蒙書室編輯**

光緒三十一年（一九〇五）一月出版　上海彪蒙書室

民目　南京曉莊

中外神童史 一册 **彪蒙書室編輯**

光緒三十一年（一九〇五）一月出版 上海四馬路望平街彪蒙書室總發行

民目 孔綱

群學社

光緒乙巳年（一九〇五），沈季仙創辦〔一〕。光緒丁未（一九〇七），前樂群書局創辦《月月小説報》，自第九期報起，概由群學社續出發行，歸許君伏民、沈君繼先主持其事。（《神州日報》一九〇七年八月二十九日第一版，朱聯保《近現代上海出版業印象記》）

言情小説：雙美人 一册 **日本村井弦齋著 群學社編輯**

光緒三十二年（一九〇六）四月初版 上海群學社印行 説部叢書第三編（涵目）

孔綱

未見一種詳附表： 法蘭西憲法一卷

〔一〕「季仙」，一作「濟宣」「繼先」。

上海南洋官書局

本局奉學部札飭，翻印部纂教科書有年，久爲學堂、私塾所稱便。後學部改章黏貼印花，飭令一律通用，部編教本既期教育統一，復杜坊間僞濫，旋奉提學司批准承認發行，翻印校勘尤當精益求精。（《上海南洋官書局發行學部新編各種教科書籍》載《申報》一九一一年九月十九日）

最新中等美國歷史教科書　一册　**南洋官書局譯訂**

光緒三十一年（一九〇五）九月初版　南洋官書局

民目

最新中等法國歷史教科書　一册　**南洋官書局譯訂**

光緒三十一年（一九〇五）十月初版　南洋官書局

民目

最新中等英國歷史教科書　一册　**南洋官書局譯訂**

光緒三十一年（一九〇五）十月初版　南洋官書局

民目　陝西

上海蒙養院

簡介不詳。

未見一種詳附表：蒙養院修身教科書

人鏡學社編譯處

簡介不詳。

偵探小説：怪獒案　一册　**人鏡學社編譯處譯**

光緒三十一年（一九〇五）八月初版　人鏡學社發行　廣智書局印刷（涵目）

浙江　北師大

新世界小説社

凌培卿創辦，出版警僧主編的新世界小説報，並以小説社名義將期刊所載長篇小説另出單行本[一]。（《新世界小説社報發刊辭》載《新世界小説社報》一九〇六年第一期）

社會小説：女人島　一册　**新世界小説社編譯所編譯**

光緒三十二年（一九〇六）九月發行　新世界小説社（涵目）

上圖

偵探小説：粉閣奇談　一册　**富克著　公短譯**[二]

光緒三十二年（一九〇六）十月發行　新世界小説社

華東師大

[一] 萬啓盈編《中國近代印刷工業史》。

[二] 版權頁署「新世界小説社編譯所譯印」。

秘密會　一册　**新世界小説社編譯所編譯**
光緒三十二年（一九〇六）新世界小説社（涵目）
浙江

劍魄花魂　二册　**新世界小説社譯**
光緒三十三年（一九〇七）新世界小説社　虛無黨小説（涵目）
浙江

未見五種詳附表：憲之魂、花之魂、三姊妹、天眼通、笑之人

上海科學書局

簡介不詳。

東洋史表解　一册　**上海科學書局編輯所編輯**
光緒三十二年（一九〇六）四月發行　上海科學書局印行　普通學表解叢書（涵目）

上圖

英文典表解　一册　**上海科學書局編輯所編輯**

光緒三十二年（一九〇六）五月發行　上海科學書局印行　普通學表解叢書（涵目）

上圖

生理衛生學表解　一册　**上海科學書局編輯所編輯**

光緒三十二年（一九〇六）六月發行　上海科學書局印行　普通學表解叢書（涵目）

上圖

西洋史年表　一册　**上海科學書局編輯所編輯**

光緒三十二年（一九〇六）六月發行　上海科學書局印行　普通學表解叢書

上圖

鑛物學表解　一册　**上海科學書局編輯所編輯**

光緒三十二年（一九〇六）六月發行　上海科學書局印行　普通學表解叢書（涵目）

上圖

世界地理學表解　三册　**上海科學書局編輯所編輯**

光緒三十二年（一九〇六）六月發行　上海科學書局印行　普通學表解叢書

上圖　孔綱

東洋史年表　一册　**上海科學書局編輯所編輯**

光緒三十二年（一九〇六）七月發行　上海科學書局印行　普通學表解叢書（涵目）

上圖　孔綱

物理學表解前後編　二册　**上海科學書局編輯所編輯**

光緒三十二年（一九〇六）九月發行　上海科學書局印行　普通學表解叢書

孔綱

心理學表解　一册　**上海科學書局編輯所編輯**

光緒三十二年（一九〇六）九月發行　上海科學書局印行　普通學表解叢書

孔綱

三角法表解　一册　**上海科學書局編輯所編輯**

光緒三十二年（一九〇六）十二月發行　上海科學書局印行　普通學表解叢書

孔綱

訂正再版算術表解　一册　**上海科學書局編輯所編輯**

光緒三十三年（一九〇七）三月再版發行　上海科學書局印行　普通學表解叢書

上圖

化學表解前後編　二册　**上海科學書局編輯所編輯**

光緒三十三年（一九〇七）五月發行　上海科學書局印行　普通學表解叢書

上圖

倫理學表解　一册　**上海科學書局編輯所編輯**

光緒三十三年（一九〇七）五月發行　上海科學書局印行　普通學表解叢書（涵目）

上圖

地文學表解　一册　**上海科學書局編輯所編輯**
光緒三十三年（一九〇七）五月發行　上海科學書局印行　普通學表解叢書（涵目）
上圖

商業學表解　一册　**上海科學書局編輯所編輯**
宣統元年（一九〇九）四月發行　上海科學書局印行　普通學表解叢書
上圖

家政學表解　一册　**上海科學書局編輯所編輯**
宣統元年（一九〇九）六月發行　上海科學書局印行　普通學表解叢書
上圖

養畜學表解　一册　**上海科學書局編輯所編輯**
宣統二年（一九一〇）十一月發行　上海科學書局印行　普通學表解叢書

上圖

中國地理學表解　三册　**上海科學書局編輯所編輯**

宣統二年（一九一〇）十一月、十二月、翌年三月發行　上海科學書局印行　普通學表解叢書

孔綱

肥料學表解　一册　**上海科學書局編輯所編輯**

宣統三年（一九一一）七月發行　上海科學書局印行　普通學表解叢書

上圖

增訂改良動物學表解　一册　**上海科學書局編輯所編輯**

宣統三年（一九一一）七月再版　上海科學書局印行　普通學表解叢書（涵目）

上圖

增訂世界地理表解　三册　**上海科學書局編輯所編輯**

宣統三年（一九一一）七月再版　上海科學書局印行

上圖

增訂改良世界史表解前後編　二册　**上海科學書局編輯所編輯**[一]

宣統三年（一九一一）七月再版　上海科學書局印行　普通學表解叢書

上圖

增訂改良植物學表解　一册　**上海科學書局編輯所編輯**

宣統三年（一九一一）七月再版　上海科學書局印行　普通學表解叢書（涵目）

上圖

民法總則表解　一册　**上海科學書局編輯所編輯**

宣統三年（一九一一）八月發行　上海科學書局印行　普通學表解叢書（涵目）

[一]《宋教仁集》日記一九〇六年五月二十三日：「下一時，至楊勉卿寓，談良久。勉卿擬將六盟館所編《普通學表解叢書》譯去以餉學界，邀余同譯。余思其中有《世界史表解》一種，若能譯出，於自己研究歷史之功不無少益，遂許勉卿任譯《世界史表解》，且取其書而回。下午即著手譯之，覺其間不完全者太多，又不免錯誤，乃擬爲之增減改易；且其名曰『世界史』，而表中所列則僅西洋事，於名不符，擬改其題曰《西洋歷史表》焉。」

上圖

刑法總論表解　一册　**上海科學書局編輯所編輯**

宣統三年（一九一一）八月發行　上海科學書局印行　普通學表解叢書（涵目）

上圖

中國歷史表解　四册　**上海科學書局編輯所編輯**

宣統三年（一九一一）八月發行　上海科學書局印行　普通學表解叢書（涵目）

孔網

未見一種詳附表：化學公式

觀瀾社

簡介不詳。

未見一種詳附表： 漢和對照日語文法述要

集成圖書公司

集中國所有之貲本編印中國所用之圖書，以保中國之教育權而杜中國之漏卮，此裕福創辦集成圖書公司之宗旨也。集成圖書公司之所以發起也，尚有最遠之原因。在乙巳（一九〇五）之九月，裕福先有創辦中國圖書公司之舉，經營締造至丙午（一九〇六）五月而公司成立。裕福發起中國圖書公司之本旨，深慨近日明詔興學，黌舍如林，需用圖籍，書至繁賾，而出版之權强半操自外人。推之郵局郵票、銀行紙幣，更紛紛仰給於國外，以中國之大，曾不克組織一大印刷廠，自握出版之權，可恥孰甚。爰汲汲焉議自設公司。顧我設一華商之公司而他國人之公司方群挾其雄厚之貲本，恢宏之局面，偉大之勢力，高掌遠蹠，眈眈逐逐以與吾競勝，是勁敵也。敵不宜樹，苟可兼併之，便兼併之。其利厥有二端：規模夙具，稍稍佈置，立可出版。非若創新者：造屋、購機，動需時日，一也；少一洋股公司，即爲華商多挽回一分權利，於彼於此，一轉移間，關係至鉅，二也。竊持此義於中國圖書公司成立後，質之張季直先生，先生韙之，乃始從兼併著手。先是，英吉利人美查氏在上海開創石印，名曰點石齋，中國之有石印，權輿於此；同時又設鉛字印書局，名曰圖書集成局，爲海上出版界冠。裕福既得張季直先生許可，乃擬設法籌備鉅資將該兩局購歸以爲公司基，再四磋商，竟獲如願。歸併就緒，忽有異議者力主創不主因，宗旨既殊，强合之非所宜也，因將中國圖書公司移交與曾君少卿主持之。裕福乃別樹一幟，名曰

「華商集成圖書公司」，名「集成」，所以别於先發起之「中國圖書公司」也，特標「華商」二字，所以示此後點石齋圖書集成局非復英商所有也。（席裕福《華商集成圖書有限公司招股啓》載《申報》一九〇八年六月二十七日第三版）

社會小説：滑稽生　一册　**集成圖書公司編**

光緒三十四年（一九〇八）十月出版　集成圖書公司總發行（涵目）

上圖

徐匯公學

本校之草創始於一八五〇年。一八四九年五六月間，霪雨爲災，江南受害尤烈，春申江畔，難民充斥，徐家匯司鐸乃設法收容，並施教育，是即徐匯中學之胚胎也。一八五〇年，生徒增至三十一人，乃一變臨時收容而爲有組織之教導，爲國儲材，取名徐匯公學，奉耶穌會依納爵爲主保，故亦稱依納爵公學。一八六〇年，科舉未廢，學生中程度優秀者，多有入泮。一九〇〇年，鑒於泰西科學爲振興實業之必具，一改從前以國文爲主之課程，規定法文及其他科學爲必修科。是年又爲新學發達之始，國内風尚爲之一變，本校于當局倡導之下，學生對新學之興趣亦特見增高。（《徐匯公學創立七十週年紀念慶祝會誌盛》載《聖教雜誌》一九二〇年第十二期、《徐匯中小學校刊》一九四五年）

方言避静歌十二則　一册　徐匯公學編

光緒三十三年（一九〇七）土山灣

孔綱

改良小説社

小説之熏染社會，論者綦詳矣。舊本流傳，頗有膾炙人口者而淫盗之媒介，神仙鬼怪之迷信，流弊滋多，似不適於今日。比者文界交通，譯述繁夥，嗣因風俗之互異，閲者致詫爲離奇。詞旨之過深，多數乃形其窒礙。該社同人有鑒於此，以去非存是之心，爲因勢利導之計，辦法所在，有異恒蹊。改良社會，義主懲勸，一也；文字淺簡，餉遺多數，二也；照本酌加，定價極廉，折扣劃一，三也；圖繪工細，裝潢精美，紙白字大，取便閲者，四也；設預約券，特别廉價，以便同業，五也。付印者有《飛行之怪物》《新鬼話》《斷腸草（一名蘇州現形記）》《新列國志》《女俠傳》《電幻奇談》《宦海升沉記》《新兒女英雄》《最近商界現形記》《怪室案》《最近女界現形記》《醋鴛鴦》《最近學堂現形記》《醉生夢死》《最近志士現形記》。（《改良小説社之開辦緣由及收稿廣告》載《申報》一九〇八年八月六日第六版）

西史小説〔一〕**：繪圖新列國志**　四册　**改良小説社**

光緒三十四年（一九〇八）改良小説社印行（涵目）

上圖　天津

社會小説：繪圖新石頭記　八册　**改良小説社**

光緒三十四年（一九〇八）十月初版　改良小説社印行（涵目）

上圖

滑頭現形記　一册　**改良小説社著**

宣統元年（一九〇九）二月中旬再版　上海改良小説社印行

上圖

小説進步社

簡介不詳。

〔一〕封面作「歷史小説」。

革命鬼現形記 二冊 **小説進步社**

宣統元年（一九〇九）鴻文書局（涵目）

浙江

未見一種詳附表： 女魔王

上海浦東塘工善後局

簡介不詳。

浦東塘工善後局案 一冊 **上海浦東塘工善後局輯**

宣統庚戌（一九一〇）上海時中書局代印

國圖 人大

未見著述目録〔二〕

〔一〕 本表依譯著者姓名首字拼音排序。

序號	書名	册數	著者/著述方式	版本	出處
一	咸豐二年十一月初一日日蝕單	一册	英國艾約瑟著	咸豐二年（一八五二）上海刊本	偉目
二	孝事天父論[一]	一册	艾約瑟著	咸豐四年（一八五四）	偉目、雷目
三	三德論	一册	英國艾約瑟	咸豐六年（一八五六）	偉目
四	續釋教正謬	一册	英國艾約瑟	咸豐九年（一八五九）上海刊本	偉目
五	十誡注釋	一册	艾約瑟注	光緒二十三年（一八九七）中國聖教書局	雷目
六	主禱文注釋	一册	艾約瑟著	光緒二十七年（一九〇一）中國聖教書局	雷目
七	音學		艾約瑟[二]	譯成未刻	書録
八	新編萬國歷史	一册	日本長澤市藏著 白振民譯	光緒間印本	經眼

[一] 雷振華《基督聖教出版各書書目彙纂》題作「孝敬新論」，另有「孝事天父」。

[二] 此書或即「聲論」。檢夏曾佑致汪康年函：「《光論》《聲論》本擬自抄，奈心緒大惡，俗事亦多，擬倩人代録寄去。二論非先君所撰，乃父執張南坪先生所譯，西人本不知撰自何人。」原信載上海圖書館編《汪康年師友書札》，轉引自王揚宗《晚清科學譯著雜考》載《中國科技史料》十五卷四期。

續表

序號	書名	册數	著者/著述方式	版本	出處
九	學堂教科論	一册	蔡元培	普通學書室印本	書録
一〇	虔禱宗會	一册	晁德蒞撰	同治二年（一八六三）刻本	徐天
一一	要理必讀	一册	美國戴查士	道光三十年（一八五〇）上海刊本	偉目
一二	要理問答	一册	美國戴查士	道光三十年（一八五〇）上海方言本	偉目
一三	真神十誡	一册	美國戴查士	道光三十年（一八五〇）上海刊本	偉目
一四	初等算術講義	一册	丁福保著	光緒三十二年（一九〇六）六月科學書局	涵目
一五	動物學教科書	一册	竇樂安、西師意譯	光緒三十一年（一九〇五）十一月山西大學譯書院	雷目、涵目
一六	天演正義	一册	竇樂安著　姜雲五述	宣統二年（一九一〇）中國聖教書局	雷目
一七	初級師範學校教科書：植物學	一册	杜就田編輯	宣統元年（一九〇九）商務印書館	涵目

續表

序號	書名	册數	著者/著述方式	版本	出處
一八	陸戰新法		范本禮撰	已譯未成〔一〕	書録
一九	世界史		范通甫、王琴希合譯		經眼
二〇	質體形性		范約翰	未出，益智書會	書録
二一	日脚長拉裹	一册	范約翰著	光緒七年（一八八一）中國聖教書局	雷目
二二	剛旦丟士	一册	范約翰譯	光緒七年（一八八一）中國聖教書局	雷目
二三	舊約跡略	一册	范約翰著	光緒十六年（一八九〇）中國聖教書局	雷目
二四	恒星赤道經緯表	一册	傅蘭雅譯　賈步緯述	已譯成未刻	書録、事略
二五	數理格致（一題奈端數理）	八册	傅蘭雅譯　李善蘭述	尚未譯全，已譯三册	事略
二六	試驗鐵煤法	一册	傅蘭雅譯　徐壽述	已譯成未刻	事略、書録

〔一〕 見《汪穰卿先生傳記》。

續表

序號	書名	冊數	著者/著述方式	版本	出處
二七	營城要説	四冊	傅蘭雅譯　徐壽述	已譯成未刻	事略、書録
二八	燥濕表説	一冊	傅蘭雅譯　徐壽述	已譯成未刻	書録、事略
二九	火藥機器説〔一〕	一冊	傅蘭雅譯　徐壽述	已譯成未刻	事略
三〇	海用水雷法	一冊	英國傅蘭雅譯　華蘅芳筆述	已譯成未刻	事略、書録
三一	造鐵全法四卷（一題造鐵新法）	四冊	英國非爾（而）奔著　英國傅蘭雅譯　徐建寅述	光緒六年（一八八〇）江南製造局刻本	事略、書録
三二	石板印法	一冊	傅蘭雅譯　徐建寅述	已譯成未刻	事略
三三	年代表	一冊	傅蘭雅譯　徐建寅述	已譯成未刻	事略
三四	海面測繪	一冊	傅蘭雅譯　黄宗憲述	尚未譯全，已譯一冊	事略
三五	繪畫船綫	二冊	英國傅蘭雅譯　徐建寅筆述	已譯成未刻	事略、書録

〔一〕據王揚宗《江南製造局翻譯書目新考》，此書後刊於《格致彙編》第四年（一八八一）第一至四卷。

續表

序號	書名	冊數	著者/著述方式	版本	出處
三六	攝鐵器説	一冊	英國傅蘭雅譯　徐建寅筆述	已譯成未刻	事略
三七	汽機尺寸	二冊	英國傅蘭雅口譯　徐建寅筆述	已譯成未刻	事略、書録
三八	石板印法略	一冊	傅蘭雅譯　王德均述	已譯成未刻	事略
三九	造汽機等手工	六冊	傅蘭雅譯　徐壽述	尚未譯全，已譯二冊	事略
四〇	質數證明〔一〕	二十冊	傅蘭雅譯　徐壽述	尚未譯全，已譯四冊	事略
四一	西經實物圖説〔二〕	一冊	英國傅蘭雅輯	光緒十九年（一八九三）格致書室	益智、歷目
四二	權量圖説	一冊	傅蘭雅翻譯	未譯完	益智
四三	化學圖説	一冊	傅蘭雅翻譯	正在翻譯	益智
四四	百蟲圖説	一冊	傅蘭雅翻譯	正在翻譯	益智

〔一〕王揚宗《晚清科學譯著雜考》：「質」即「化學考質」（定性分析），「數」即「化學求數」（定量分析），「質數證明」實爲二書譯名的合稱簡寫。

〔二〕包括《礦石輯要編》《獸有百種論》《禽鳥簡要編》。

續表

序號	書名	册數	著者/著述方式	版本	出處
四五	保身衛生編〔一〕		傅蘭雅翻譯	正在準備中	益智
四六	衛生進階〔二〕		傅蘭雅翻譯	正在準備中	益智
四七	百魚圖説	一册	傅蘭雅翻譯	正在準備中	益智
四八	動物理學圖説	一册	傅蘭雅翻譯	未完成	益智
四九	地勢圖説	一册	傅蘭雅翻譯	出版之機一來即可問世	益智
五〇	天文地理圖説	一册	傅蘭雅翻譯	未完成	益智
五一	紡織機器圖説	一册	傅蘭雅輯譯	雜録格致彙編部〔三〕	益智、書録、答問
五二	西畫初學	一册	傅蘭雅編譯	益智書會本	益智
五三	電氣鍍金	一册	傅蘭雅翻譯〔四〕	雜録格致彙編部	益智

〔一〕《益智書會書目》：一題「解剖學、生理學和衛生學綱要」，與「孩童衛生編」、「幼童衛生編」成一系列。
〔二〕《益智書會書目》：與「初學衛生編」成一系列。
〔三〕《益智書會書目》：「這一系列都是從《格致彙編》重印而爲學校教科書委員選用的。」
〔四〕《益智書會書目》没有標明譯著者。

續表

序號	書名	册數	著者/著述方式	版本	出處
五四	西國名菜嘉花論	一册	英國傅蘭雅著	雜録格致彙編部	書録、答問、益智
五五	西國煉鋼法	一册	傅蘭雅輯譯	雜録格致彙編部	書録、益智
五六	泰西本草撮要	一册	傅蘭雅輯譯	雜録格致彙編部	書録、答問、益智
五七	電氣鍍鎳	一册	傅蘭雅譯	雜録格致彙編部	書録、答問、益智
五八	西國造紙法	一册	傅蘭雅輯	雜録格致彙編部	書録、答問、益智
五九	照像干片法	一册	英國傅蘭雅撰	雜録格致彙編部	書録、答問、益智
六〇	蠶務圖説	一册	英康發達撰[一]	雜録格致彙編部	答問、益智
六一	脈表診病論	一册	英國傅蘭雅撰	雜録格致彙編部	書録、答問、益智

[一]《西學書目答問》未著録譯者。

續表

序號	書名	册數	著者／著述方式	版本	出處
六二	新式汽機機器	一册	英國雷奴支著　英國傅蘭雅譯	雜録格致彙編部	書録、答問、益智
六三	汽機鍋爐圖説	一册	傅蘭雅譯	益智書會本	益智
六四	動物須知	一册	英國傅蘭雅著	光緒二十年（一八九四）格致書室	書録
六五	飼蠶新法一卷	一册	美國瑪高温著　英國傅蘭雅譯	光緒間上海益智書會	書録
六六	金石略辨	一册	英國傅蘭雅著	益智書會未印出	書録
六七	贊神詩	一册	美國高第丕	咸豐五年（一八五五）上海方言本	偉目
六八	上海土音字寫法	一册	美國高第丕著	咸豐五年（一八五五）上海刊本	偉目
六九	聞見録	一册	高第丕	咸豐六年（一八五六）	偉目
七〇	聖經事録	一册	美國高第丕	咸豐七年（一八五七）	偉目
七一	佳客問道	一册	美國高第丕	咸豐八年（一八五八）	偉目
七二	三個小姐	一册	美國高第丕夫人	咸豐六年（一八五六）	偉目
七三	推廣政法學私議	一册	高鳳謙著	宣統元年（一九〇九）商務印書館	涵目

續表

序號	書名	册數	著者／著述方式	版本	出處
七四	邊防贅述二卷		葛士濬撰		續志
七五	外洋咫聞録一卷		葛士濬撰		續志
七六	福音真理問答	一册	美國耿惠廉	咸豐五年（一八五五）上海方言本	偉目
七七	蒙養啓明	一册	美國耿惠廉夫人著	咸豐十年（一八六〇）上海方言本福音堂刻本	偉目、徐基
七八	漢和對照：日語文法述要	一册	日本難波常雄講 觀瀾社譯	光緒三十二年（一九〇六）四月昌明公司	涵目
七九	法制進化論	一册	日本有賀長雄著 廣智書局譯	光緒二十八年（一九〇二）廣智書局	涵目
八〇	廣輿記地名字彙十二卷	九册	黄伯禄編	同治九年（一八七〇）編稿本	徐樓
八一	群書地名字彙十二卷	三册	黄伯禄編	同治九年（一八七〇）編稿本	徐樓
八二	京兆釋字彙十二卷	二册	黄伯禄編	光緒二十年（一八九四）編稿本	徐樓
八三	府州廳縣總録一卷	一册	黄伯禄編	光緒二十一年（一八九五）編稿本	徐樓
八四	明一統志輿地字彙不分卷	六册	黄伯禄編	光緒二十三年（一八九七）編稿本	徐樓

續表

序號	書名	册數	著者/著述方式	版本	出處
八五	輿地字彙十二卷	三册	黄伯禄編	光緒二十四年（一八九八）編稿本	徐樓
八六	黄伯禄函稿	一册	黄伯禄撰	抄本	徐樓
八七	公牘體例	一册	黄伯禄撰	稿本	徐樓
八八	初等小學國文新讀本	八册	黄慶瀾著	光緒三十二年（一九〇六）七月開明書店	涵目
八九	小學教科初等手工教範	四册	嘉定黄守恒編	光緒三十三年（一九〇七）三月集成圖書公司	涵目
九〇	小學教科初等地理教科書	八册	黄守恒編	光緒三十四年（一九〇八）集成圖書公司	涵目
九一	小學教科初等地理教授案	八册	黄守恒編	光緒三十四年（一九〇八）集成圖書公司	涵目
九二	小學教科：初等修身教科書	四册	黄守孚、戴洪恒著	光緒三十四年（一九〇八）六月集成圖書公司	涵目
九三	世界發明元始家略傳	一册	日本造書館著　黄炎培譯	光緒二十八年（一九〇二）杭州史學齋石印	涵目

續表

序號	書名	册數	著者/著述方式	版本	出處
九四	上海土白入門	一册	美國吉士編	咸豐五年（一八五五）上海刊本	偉目
九五	蒙童訓	一册	吉士夫人譯	咸豐七年（一八五七）上海方言本	偉目、雷目〔一〕
九六	憲法要義	一册	日本高田早苗著 戢翼翬譯	光緒二十九年（一九〇三）七月上海開明書店	涵目
九七	戰爭非道論	一册	季理斐譯 任廷旭述	光緒三十三年（一九〇七）廣學會	雷目
九八	禱告月課	一册	季理斐 潘楨著	光緒二十九年（一九〇三）聖教書會	涵目
九九	教科書批評	一册	嘉定學會	光緒三十三年（一九〇七）十一月集成圖書公司	涵目
一〇〇	聖會要理問答	一册	美國賈本德	道光三十年（一八五〇）上海刊本	偉目
一〇一	證據守安息日	一册	賈本德	上海方言本	偉目
一〇二	學堂表簿説明書	一册	武進蔣維喬著	宣統元年（一九〇九）十二月商務印書館	涵目

〔一〕雷振華作：「蒙童訓，上海（方言版），李譯，一七六面，一八五七年出版，協和刊行，每本三分。」

續表

序號	書名	册數	著者/著述方式	版本	出處
一〇三	兵船礮法	四册	金楷理譯　朱格仁述	尚未譯全，已譯一册〔二〕	事略、書録
一〇四	布國兵船操練	一册	金楷理譯　李鳳苞述	已譯成未刻	事略、書録、崇志
一〇五	美國兵船槍法	一册	金楷理譯　李鳳苞述	已譯成未刻	事略、書録、崇志
一〇六	地説	八册	金楷理譯　李鳳苞述	尚未譯全，已譯四册	事略、書録
一〇七	測量儀器説	二册	金楷理譯　趙元益述	尚未譯全，已譯一册	事略
一〇八	電氣鍍金總法	一册	金楷理譯　江衡述	已譯成未刻	事略
一〇九	公使指南	六册	金楷理譯　蔡錫齡筆述	已譯成未刻	事略、書録
一一〇	熱學	二册	金楷理譯　江衡筆述	已譯成未刻	事略、書録、答問
一一一	化學公式	一册	科學書局編譯所	宣統元年（一九〇九）二月科學書局	涵目

〔二〕此書是否金楷理口譯、朱恩錫筆述之《兵船礮法》，未詳。

續表

序號	書名	册數	著者/著述方式	版本	出處
一一二	讚美聖詩	一册	藍惠廉	咸豐十一年（一八六一）上海方言本	偉目
一一三	真理譬言	一册	藍惠廉著	光緒十年（一八八四）中國聖教書局	雷目
一一四	舊約新約問答	一册	藍惠廉	上海方言本	偉目
一一五	平圓地球圖	十六張	李鳳苞譯	光緒二年（一八七六）江南製造局	事略、書録
一一六	崇明晷度更漏表		李鳳苞撰		崇志
一一七	各國水雷魚雷制	一册	李鳳苞譯	未刻	崇志
一一八	雷艇圖説	一册	李鳳苞譯	未刻	崇志
一一九	鋼甲鑑程式	二册	李鳳苞譯	未刻	崇志
一二〇	自怡軒算書		李鳳苞撰		崇志
一二一	三才紀要		李鳳苞撰		崇志
一二二	閩政彙編		李鳳苞撰		崇志
一二三	强國唱歌集	一册	寶山李輝著	光緒三十二年（一九〇六）十二月啓新書局	涵目

續表

序號	書名	冊數	著者/著述方式	版本	出處
一一二四	教堂買租置房地條例	一冊	李佳白著	清末協和書局	雷目
一一二五	俄國東部新增税則	一冊	李家鏊譯		涵目
一一二六	基督教大旨	一冊	英國李提摩太譯　蔡爾康、戴師鐸同述	宣統元年（一九〇九）廣學會	雷目
一一二七	救華卮言二卷	一冊	英國李提摩太	光緒二十五年（一八九九）廣學會	雷目
一一二八	平和原論	一冊	李提摩太著	宣統元年（一九〇九）廣學會	雷目
一一二九	格致源流説	一冊	美國林樂知、任廷旭譯	光緒二十四年（一八九八）廣學會	書録
一一三〇	俄羅斯史	二冊	林樂知譯　嚴良勳述	已譯成未刻	事略、書録
一一三一	歐羅巴史	六冊	林樂知譯　嚴良勳述	已譯成未刻	事略
一一三二	萬國史	六冊	林樂知譯　王德均述	已譯成未刻	事略
一一三三	德國史	二冊	林樂知譯　嚴良勳述	已譯成未刻	事略、書録
一一三四	印度國史	二冊	林樂知譯	已譯成未刻	事略、書録
一一三五	地學啓蒙	一冊	林樂知譯	尚未譯全	事略

續表

序號	書名	册數	著者/著述方式	版本	出處
一三六	自歷明證卷二：奥古斯丁	一册	林樂知譯	光緒二十年（一八九四）廣學會	雷目
一三七	自歷明證卷三：依美德定	一册	林樂知譯	光緒二十年（一八九四）廣學會	雷目
一三八	自歷明證卷六：新島約瑟	一册	林樂知譯	光緒二十年（一八九四）廣學會	雷目
一三九	自歷明證卷九：印度女士信道記	一册	林樂知譯	光緒二十一年（一八九五）廣學會	雷目
一四〇	自歷明證卷十：巴西等人信道記	一册	林樂知譯	光緒二十一年（一八九五）廣學會	雷目
一四一	家用禱告文	一册	林樂知譯	光緒二十二年（一八九六）廣學會	雷目
一四二	興華新議	一册	美國林樂知撰 蔡爾康譯	光緒二十二年（一八九六）廣學會鉛印本	中目
一四三	戰局將來論	一册	林樂知譯	廣學會	雷目
一四四	自歷明證卷一：印度人柏得門奇信道	一册	林樂知譯	廣學會	雷目
一四五	福音小學	一册	美國婁如本	咸豐五年（一八五五）上海刊本	偉目

續表

序號	書名	册數	著者/著述方式	版本	出處
一四六	三字經	一册	美國婁如本	咸豐九年（一八五九）上海方言本	偉目、雷目
一四七	馬太傳福音書注解	一册	婁如本	同治四年（一八六五）上海方言本	偉目
一四八	東語正則教科書	一册	陸費逵	光緒乙巳年（一九〇五）三月　廣益書局	涵目
一四九	初等小學算術書	二册	桐鄉陸費逵	光緒三十四年（一九〇八）五月　文明書局	涵目
一五〇	飼蠶新法一卷	一册	美國瑪高温著　英國傅蘭雅譯	光緒間上海益智書會	書録
一五一	祈禱式文	一册	英國麥都思	道光二十四年（一八四四）石印本〔一〕	偉目、雷目
一五二	聖教要理	一册	英國麥都思著	道光二十四年（一八四四）活字本	偉目

〔一〕 倪文君譯《一八六七年以前來華基督教傳教士列傳及著作目録》注爲「石印」本（第三八頁，嗣又言：同年由同一印刷所木刻了另一版本，該年還出版了此書的上海方言譯本），應爲中國境内最早的石印本。

續表

序號	書名	冊數	著者／著述方式	版本	出處
一五三	雜篇	一冊	英國麥都思〔二〕	道光二十四年（一八四四）上海刊本	偉目
一五四	講上帝告訴人們知識	一冊	英國麥都思	道光二十六年（一八四六）上海方言本	偉目
一五五	講自家個好處靠弗著	一冊	英國麥都思	道光二十六年（一八四六）上海方言本	偉目
一五六	耶穌降世傳	一冊	英國麥都思	道光二十六年（一八四六）石印本	偉目
一五七	真理通道	一冊	英國麥都思	道光二十六年（一八四六）活字本	偉目

〔二〕 蘇精《初期的墨海書館（一八四三—一八四七）》：「偉烈亞力書目（頁三二）所列麥都思撰著目録第四十三種《雜篇》，謂係一八四四年印於上海。但麥都思從未在墨海印刷出版書單中列出此書，也從未提及自己撰有此書。事實此書爲施敦力亞歷山大所著的《論善惡人生死》，1845 年以活字印於新加坡，見 LMS／UG／SI［Singapore］，2.3.C.，A. Stronach to A. Tidman & J. J. Freeman，Singapore，5 July 1845；此書封面寫明『道光乙巳年集』『士多那撰』，其内容各篇名稱和葉數都和偉烈書目（頁三二）所述完全相同，而所印活字整齊劃一，和當時墨海書館夾雜鑄造活字與雕刻活字印書且形體混雜的情形截然不同，顯然偉烈見到的是一册失去封面的本書，並將施敦力的書誤成麥都思的了。」

續表

序號	書名	册數	著者/著述方式	版本	出處
一五八	馬太傳福音注	一册	英國麥都思	道光二十六年（一八四六）石印本	偉目、徐基
一五九	論上帝差子救世	一册	英國麥都思	道光二十六年（一八四六）上海刊本	偉目
一六〇	講上帝差兒子救世界上人	一册	英國麥都思	道光二十七年（一八四七）上海方言本	偉目
一六一	講頭一個祖宗作惡	一册	英國麥都思	道光二十七年（一八四七）上海方言本	偉目
一六二	十條誡論	一册	英國麥都思	道光二十八年（一八四八）刻本	偉目
一六三	祈禱式文釋句	一册	英國麥都思	道光三十年（一八五〇）上海刊本	偉目
一六四	惡者不得入天國	一册	英國麥都思	咸豐六年（一八五六）上海刊本	偉目
一六五	救世主只耶穌一人	一册	英國麥都思	咸豐六年（一八五六）上海刊本	偉目
一六六	君子終日爲善	一册	英國麥都思	咸豐六年（一八五六）上海刊本	偉目
一六七	悔罪祈求之事	一册	英國麥都思	咸豐六年（一八五六）上海刊本	偉目
一六八	祈禱上帝之理	一册	英國麥都思	咸豐六年（一八五六）上海刊本	偉目

續表

序號	書名	册數	著者/著述方式	版本	出處
一六九	人所當求之福	一册	英國麥都思	咸豐六年（一八五六）上海刊本	偉目
一七〇	人不信耶穌之故	一册	英國麥都思	咸豐六年（一八五六）上海刊本	偉目
一七一	善者考終命	一册	英國麥都思	咸豐六年（一八五六）上海刊本	偉目
一七二	善者受難獲益	一册	英國麥都思	咸豐六年（一八五六）上海刊本	偉目
一七三	失羊歸牧	一册	英國麥都思	咸豐六年（一八五六）上海刊本	偉目
一七四	死至猝不及備	一册	英國麥都思	咸豐六年（一八五六）上海刊本	偉目
一七五	歲終自察行爲	一册	英國麥都思	咸豐六年（一八五六）上海刊本	偉目
一七六	勸幼女讀書有益論	一册	美華書館	光緒十八年（一八九二）	涵目
一七七	馬太傳福音書	一册	英國美魏茶	道光二十八年（一八四八）上海方言本	偉目、徐基
一七八	福音廣訓	一册	英國美魏茶	道光三十年（一八五〇）上海刊本	偉目
一七九	真道入門	一册	英國美魏茶	咸豐元年（一八五一）上海墨海書館鉛印本	偉目、徐基

續表

序號	書名	册數	著者/著述方式	版本	出處
一八〇	警惡箴言	一册	英國美魏茶	咸豐四年（一八五四）上海刊本	偉目
一八一	格物窮理問答	一册	英國慕維廉譯	咸豐元年（一八五一）上海刊本	偉目
一八二	行客經歷傳	一册	英國慕維廉	咸豐元年（一八五一）上海刊本	偉目
一八三	教會問答	一册	英國慕維廉	咸豐五年（一八五五）上海刊本	偉目
一八四	來就耶穌	一册	英國慕維廉	咸豐六年（一八五六）刻本	偉目、徐基
一八五	救靈先路	一册	英國慕維廉	咸豐六年（一八五六）香港刊本	偉目、雷目
一八六	天佛論衡	一册	英國慕維廉	咸豐六年（一八五六）上海刊本	偉目
一八七	天教超儒論	一册	英國慕維廉	咸豐六年（一八五六）上海刊本	偉目
一八八	天教正略	一册	英國慕維廉	咸豐六年（一八五六）上海刊本	偉目
一八九	天理十三條	一册	英國慕維廉	咸豐六年（一八五六）上海刊本	偉目
一九〇	總論耶穌之道	一册	英國慕維廉	咸豐七年（一八五七）上海刊本	偉目
一九一	贊主詩歌（一題耶穌讚歌）	一册	英國慕維廉	咸豐八年（一八五八）上海方言本	偉目

續表

序號	書名	册數	著者/著述方式	版本	出處
一九二	至聖指南	一册	英國慕維廉	咸豐八年（一八五八）上海刊本	偉目
一九三	天道入門（一題聖教問答）	一册	英國慕維廉	咸豐九年（一八五九）上海刊本	偉目
一九四	耶穌要志	一册	英國慕維廉	咸豐十年（一八六〇）上海刊本	偉目
一九五	教會聖歌	一册	英國慕維廉	咸豐十一年（一八六一）上海刊本	偉目
一九六	耶穌問答	一册	英國慕維廉	咸豐十一年（一八六一）上海刊本	偉目
一九七	救世聖歌	一册	英國慕維廉	咸豐十一年（一八六一）上海刊本	偉目
一九八	耶穌降世傳	一册	英國慕維廉	咸豐十一年（一八六一）上海刊本	偉目
一九九	真教權衡	一册	英國慕維廉	同治三年（一八六四）上海刊本	偉目
二〇〇	聖教或問	一册	英國慕維廉	同治三年（一八六四）上海刊本	偉目
二〇一	真理尋繹	一册	英國慕維廉撰	同治十一年（一八七二）福音會堂鉛印本	徐基
二〇二	析疑辨謬	一册	英國慕維廉撰	光緒七年（一八八一）上海三牌樓福音會堂鉛印本	徐基

續表

序號	書名	册數	著者/著述方式	版本	出處
二〇三	十布道文	一册	英國慕維廉	咸豐六年（一八五六）上海刊本	偉目
二〇四	地學舉要	一册	英國慕維廉譯	光緒二十一年（一八九五）益智會本	書録、答問
二〇五	聖書大道	一册	英國慕維廉	上海刊本	偉目
二〇六	聖教入門	一册	英國慕維廉	上海城内禮拜堂鉛印本	偉目、徐基
二〇七	耶穌門徒問答	一册	英國慕維廉	上海刊本	偉目
二〇八	普通教範：體操教科書	二册	德國來春石泰著　南洋學務譯書院譯	光緒三十二年（一九〇六）二月新智社	涵目
二〇九	列國史	一册	南洋公學編譯	清末刊本	經眼
二一〇	女學唱歌	一册	吴江倪覺民編	光緒乙巳年（一九〇五）教育館	涵目
二一一	女學唱歌集	一册	蘇州倪覺民著	光緒三十二年（一九〇六）文明書局	涵目
二一二	高等地理小學教科書	一册	鈕永建編	光緒三十年（一九〇四）文明書局	經眼
二一三	單音樂歌	一册	上海潘敏之編	光緒三十二年（一九〇六）十二月開明書店	涵目

續表

序號	書名	冊數	著者/著述方式	版本	出處
二一四	通商約章〔一〕		祁兆熙輯		續志
二一五	洋務成案		祁兆熙輯〔二〕		續志
二一六	三林學堂體育教範第一編	一冊	日本高田九郎等著 華亭錢公溥譯	光緒三十四年（一九〇八）正月 三林學堂	涵目
二一七	最新中學代數教科書問題詳解	一冊	錢應清著	光緒三十三年（一九〇七）六月 科學書局	歷目、涵目
二一八	校訂泰西聞見録		秦始詹撰		續志
二一九	格致地理教科書	一冊	英國阿克報爾著 寶山仇光裕、嚴保誠譯	光緒二十八年（一九〇二）八月 武昌翻譯學塾	經眼、涵目
二二〇	皃路士	一冊	英國泰晤士報館著 寶山仇光裕、陽湖嚴保誠譯	光緒二十九年（一九〇三）開明書店	涵目

〔一〕《清代硃卷集成》作「各國條約」。

〔二〕清華大學圖書館藏有「洋務成案章程類編八卷，抄本，十二冊」。

續表

序號	書名	册數	著者/著述方式	版本	出處
二二二一	阿非利加洲一卷西阿非利加洲一卷	一册	瞿昂來、世增分譯	光緒二十九年（一九〇三）經濟書林	經眼
二二二二	法蘭西憲法一卷		群學社譯	群學社編本	經眼
二二二三	高麗信道紀略	一册	任保羅、季理斐譯	宣統三年（一九一一）廣學會	雷目
二二二四	窮兵大幻辨	一册	英國安治爾著、任保羅譯	民國元年（一九一二）廣學會	廣目、雷目
二二二五	羅仙小傳	一册	英國霍旨因著　商務印書館編譯所譯	光緒三十三年（一九〇七）商務印書館	涵目
二二二六	中國革命史	一册	商務印書館編	宣統三年（一九一一）九月　商務印書館	涵目
二二二七	時調唱歌	一册	商務印書館	無年月	涵目
二二二八	中西新學戰史叢書	十二册	上海大同譯書局印	光緒二十四年（一八九八）石印本	中目
二二二九	蒙養院修身教科書	一册	上海蒙養院輯	光緒乙巳（一九〇五）六月　上海蒙養院	涵目

續表

序號	書名	冊數	著者／著述方式	版本	出處
二三〇	土話算學問答一卷	一冊	佘賓王撰	光緒二十七年（一九〇一）上海土山灣印書館石印本	書録、徐樓
二三一	最新化學教科書	二冊	沈景賢譯	光緒三十二年（一九〇六）正月點石齋	涵目
二三二	學校唱歌集	一冊	上海沈慶鴻著〔一〕	光緒甲辰年（一九〇四）七月開明書店	經眼、涵目
二三三	初等小學：唱歌課本	一冊	上海沈慶鴻著	光緒三十三年（一九〇七）九月中國圖書公司	涵目
二三四	仁和縣辦理城鎮鄉自治文牘	一冊	沈惟賢		中目
二三五	福音要言	一冊	英國施敦力約翰	道光二十七年（一八四七）上海刊本	偉目

〔一〕 陳懋治《學校唱歌二集》序謂：「君所著《學校唱歌集》甲辰五月問世，今已五版。」谷玉梅《沈心工年譜補訂》：「這是我國近代最早的學校音樂教材。」另見張静蔚《論沈心工、李叔同》：「《學校唱歌集》是我國最早出版的一本音樂教科書。」

續表

序號	書名	册數	著者/著述方式	版本	出處
二二三六	經濟綱要一卷	一册	日本普通教育研究會編著　時中書局譯	光緒二十九年（一九〇三）時中書局	經眼、涵目
二二三七	政體論	一册	日本高田早苗著　時中書局	光緒癸卯年（一九〇三）時中書局	涵目
二二三八	高等小學中國史教科書	二册	時中書局	光緒三十一年（一九〇五）時中書局	涵目
二二三九	煉鋼書		舒高第、朱格仁輯譯	製造局未印出	書録
二二四〇	英話入門	一册	舒高第譯　朱格仁述	已譯成未刻	事略
二二四一	鑄銅書	一册	舒高第譯　朱格仁述	已譯成未刻	事略
二二四二	眼科書	六册	舒高第譯　趙元益述	已譯成未刻	事略、書録
二二四三	醫學總説	八册	舒高第譯　趙元益述	尚未譯全，已譯六册	事略
二二四四	造鐵路書	三册	舒高第口譯　鄭昌棪筆述	已譯成未刻	事略、書録
二二四五	造鐵路書	三册	舒高第口譯　鄭昌棪筆述	已譯成未刻	事略、書録

續表

序號	書名	册數	著者/著述方式	版本	出處
二四六	眼科書	六册	舒高第譯 趙元益述	已譯成未刻	事略、書録
二四七	英話入門	一册	舒高第譯 朱格仁述	已譯成未刻	事略
二四八	鑄銅書	一册	舒高第譯 朱格仁述	已譯成未刻	事略
二四九	裝船檣繩索書	一册	舒高第譯 鄭昌棪述	尚未譯全	事略、書録
二五〇	舊約書創世紀	一册	美國孫羅伯	咸豐四年（一八五四）大美國聖經會	偉目
二五一	名譽死者王憩棠傳一卷	一册	王建善撰	光緒三十年（一九〇四）日本東京並木活版所鉛印本	徐樓
二五二	高等小學地理教科書	一册	王納善編	光緒三十二年（一九〇六）有正書局	涵目
二五三	松江歷史教科書	四册	王毅存編	光緒三十三年（一九〇七）時中書局	涵目
二五四	日本財政及現在一卷		日本小林丑三郎著 王宰善譯	譯書彙編本	經眼

續表

序號	書名	册數	著者/著述方式	版本	出處
二二五五	聖經諸聖圖説	一册	韋廉臣著	光緒十四年（一八八八）廣學會	雷目
二二五六	動物類編	一册	韋廉臣夫人譯	益智書會本	益智
二二五七	甲乙二友論述	一册	英國偉烈亞力	咸豐八年（一八五八）上海刊本	偉目
二二五八	吾主耶穌基督新遺詔書	二册	偉烈亞力	咸豐九年（一八五九）上海刊本	偉目
二二五九	分光求原	四册	偉烈亞力譯	尚未譯全，已譯一册	事略、書録
二二六〇	進教要理問答三卷	一册	美國文惠廉	道光二十六年（一八四六）上海刊本	偉目
二二六一	聖教幼學	一册	美國文惠廉	咸豐五年（一八五五）上海方言本	偉目
二二六二	常年早禱	一册	美國文惠廉	咸豐五年（一八五五）上海方言本	偉目
二二六三	教子有方	一册	美國文惠廉	咸豐五年（一八五五）上海刊本	偉目
二二六四	聖會禱	一册	文惠廉	同治元年（一八六二）上海刊本	偉目
二二六五	馬可傳福音書	一册	文惠廉	同治元年（一八六二）上海方言本	偉目
二二六六	使徒保羅達羅馬人書	一册	文惠廉	同治三年（一八六四）上海方言本	偉目

續表

序號	書名	册數	著者/著述方式	版本	出處
二六七	世界讀本	一册	文明書局譯	光緒二十九年（一九〇三）四月文明書局	涵目
二六八	法國史記提要		法國培爾畸著　吴宗濂譯		經眼
二六九	繪圖法史問答		吴宗濂譯		經眼
二七〇	法海軍章程		雷那爾輯　吴宗濂譯		經眼
二七一	法外部章程		吴宗濂譯		經眼
二七二	武志説略		英國穆和德著　吴宗濂譯		經眼
二七三	中西啓釁始末		法國臘復勒著　吴宗濂譯		經眼
二七四	增訂五洲通志		法國蒲以賢著　吴宗濂譯	譯書公會報，未成	書録
二七五	物理學教科書	一册	西師意編	光緒三十一年（一九〇五）九月山西大學譯書院	涵目

續表

序號	書名	册數	著者/著述方式	版本	出處
二七六	體操全書	一册	日本可兒德著　日本西師意譯	光緒三十二年（一九〇六）九月東亞公司	涵目
二七七	農業汎論	一册	日本横井時敬著　西師意譯	光緒三十二年（一九〇六）東亞公司　農學叢書	涵目
二七八	耕種原論	一册	日本澤村真著　西師意譯	光緒三十二年（一九〇六）東亞公司　農學叢書	涵目
二七九	代數學教科書	二册	日本西師意譯	光緒三十三年（一九〇七）五月山西大學譯書院	涵目
二八〇	耶穌與學生	一册	奚若譯	宣統元年（一九〇九）上海基督教青年會	雷目
二八一	中國與紙煙	一册	奚若著	宣統二年（一九一〇）上海基督教青年會	雷目
二八二	勝罪秘訣	一册	奚若譯	宣統三年（一九一一）上海基督教青年會	雷目
二八三	弧矢啓祕圖解二卷		席淦圖解	未刊稿本	書録

續表

序號	書名	冊數	著者/著述方式	版本	出處
二八四	英人經略非洲記	一冊	嘉定夏清貽譯	光緒二十八年（一九〇二）十月日新書所 開明書店 輿學叢書	提要
二八五	中學地理教科書	一冊	夏清貽編	光緒三十年（一九〇四）教科書譯輯社	經眼
二八六	女魔王	二冊	小説進步社譯	宣統元年（一九〇九）鴻文書局	涵目
二八七	化學一卷	一冊	美國史砥爾著 中西譯社譯 謝鴻賚鑒定	光緒二十八年（一九〇二）商務印書館	經眼
二八八	耶穌與使徒要訓日課	一冊	謝洪賚譯	光緒二十八年（一九〇二）青年會書報發行所	雷目
二八九	百蟲圖説	一冊	謝洪賚譯	光緒三十年（一九〇四）基督教育會	雷目
二九〇	百魚圖説	一冊	謝洪賚譯	光緒三十年（一九〇四）基督教育會	雷目
二九一	小先知書目課	一冊	謝洪賚譯	光緒三十一年（一九〇五）青年會書報發行所	雷目

續表

序號	書名	册數	著者/著述方式	版本	出處
二九二	晨更説	一册	謝洪賚譯	光緒三十一年（一九〇五）青年會書報發行所	雷目
二九三	個人傳道説	一册	謝洪賚譯	光緒三十一年（一九〇五）青年會書報發行所	雷目
二九四	密禱論	一册	謝洪賚譯	光緒三十三年（一九〇七）青年會書報發行所	雷目
二九五	修德金鍼	一册	謝洪賚譯	光緒三十三年（一九〇七）青年會書報發行所	雷目
二九六	學生衛生譚	一册	謝洪賚著	光緒三十三年（一九〇七）青年會書報發行所	雷目
二九七	青年詩歌	一册	謝洪賚選	光緒三十三年（一九〇七）青年會書報發行所	雷目
二九八	保羅一生指掌	一册	謝洪賚譯	宣統元年（一九〇九）青年會書報發行所	雷目
二九九	原習	一册	謝洪賚譯	宣統元年（一九〇九）青年會書報發行所	雷目

續表

序號	書名	冊數	著者/著述方式	版本	出處
三〇〇	定命新論	一册	謝洪賚譯	宣統元年（一九〇九）青年會書報發行所	雷目
三〇一	耶穌一生指掌	一册	謝洪賚譯	宣統二年（一九一〇）青年會書報發行所	雷目
三〇二	憲之魂	一册	新世界小説社	光緒三十三年（一九〇七）新世界小説社	涵目
三〇三	花之魂	一册	新世界小説社	光緒三十三年（一九〇七）新世界小説社	涵目
三〇四	三姊妹	一册	新世界小説社	光緒三十三年（一九〇七）新世界小説社	晚清
三〇五	天眼通	一册	新世界小説社	光緒三十三年（一九〇七）新世界小説社	晚清
三〇六	笑之人	一册	新世界小説社	光緒三十三年（一九〇七）新世界小説社	晚清
三〇七	魔海	一册	東海覺我	光緒二十九年（一九〇三）小説林	涵目

續表

序號	書名	册數	著者/著述方式	版本	出處
三〇八	生理衛生教科書	一册	徐念慈等	光緒三十三年（一九〇七）正月樂群書局	歷目、涵目
三〇九	生理衛生教科書教授法	一册	徐念慈等	光緒三十三年（一九〇七）樂群書局	歷目、涵目
三一〇	理科實物教授	二册	英國墨區著　徐善祥等譯	民國元年（一九一二）四月商務印書館	涵目
三一一	小學教科：初等圖畫教授案	二册	寶山徐孝曾著	光緒三十三年（一九〇七）二月集成圖書公司	涵目
三一二	小學教科：初等唱歌教範	一册	上海徐紫虬著	光緒三十三年（一九〇七）正月開明書店	涵目
三一三	高等小學地理教授本	一册	姚明煇編	光緒三十四年（一九〇八）中國圖書公司	涵目
三一四	世界國歌集	一册	上海葉頌蕃編	光緒丙午年（一九〇六）八月時中書局	涵目
三一五	生物汎論	一册	日本平澤金之助著　鎮海虞和寅譯	光緒二十九年（一九〇三）三月寧波實學會社	涵目

續表

序號	書名	冊數	著者/著述方式	版本	出處
三一六	礦物界教科書	一冊	日本神保小虎著　鎮海虞和欽等譯	光緒二十八年（一九〇二）九月寧波實業會社	涵目、浙目
三一七	中學生理教科書	一冊	日本坪井次郎著　鎮海虞和欽、虞和寅譯述	光緒二十九年（一九〇三）三月啓文社	涵目、浙目
三一八	中學參考普通物理學講義	二冊	虞和欽編	宣統二年（一九一〇）文明書局	涵目
三一九	礦物標本圖説	一冊	科學館編譯處	光緒二十八年（一九〇二）八月科學儀器館	涵目
三二〇	世界發明原始家略傳	一冊	科學儀器館	光緒二十八年（一九〇二）科學儀器館	涵目
三二一	夢遊天	一冊	科學儀器館譯	光緒三十三年（一九〇七）科學儀器館	涵目
三二二	初等小學遊戲體操教科書	一冊	樂群書局編輯所	光緒三十二年（一九〇六）四月樂群書局	涵目
三二三	女子國文教科書	一冊	樂群編輯所	光緒三十三年（一九〇七）正月樂群書局	涵目

續表

序號	書名	冊數	著者/著述方式	版本	出處
三三一四	新譯文明結婚	一冊	雲間三措朗〔一〕女士譯	宣統元年（一九〇九）科學編譯書局	涵目
三三一五	中學校用：國民唱歌集	一冊	上海曾志忞著	光緒三十年（一九〇四）四月 文明書局	涵目
三三一六	實用教育唱歌教科書草案	一冊	曾志忞著	開明書店	涵目
三三一七	小學理科教科書	四冊	日本棚橋源太郎、日本樋口勘次郎合著 曾澤霖譯	光緒末教科書譯輯社	經眼
三三一八	小學教科：初等體操教範	二冊	寶山趙徵麟著	光緒三十三年（一九〇七）五月 集成圖書公司	涵目
三三一九	教授心法		鍾天緯		經眼
三三二〇	新譯理竇		鍾天緯	南洋三等學堂	經眼
三三二一	竊毀拿破崙遺像案	一冊	英國陶高能著 知新子譯	光緒三十二年（一九〇六）廣智書局	涵目

〔一〕「朗」，一作「郎」。

續表

序號	書名	册數	著者/著述方式	版本	出處
三三二	航海小説：失舟得舟	一册	周桂笙譯	宣統二年（一九一〇）群學社圖書發行所　説部叢書	歷目
三三三	教授法通論	一册	上海朱孔文著	光緒二十九年（一九〇三）七月時中書局	涵目、浙目
三三四	巴黎書庫提要		朱樹人	未成	書録
三三五	歐洲防務志二十卷圖一卷		法國愛乃培撰　朱樹人譯	未成	書録
三三六	諸會問答	一册	泰西耶穌會士南有岳德郎氏譯述　川沙莊行儉參訂	道光三十年（一八五〇）刻本	徐天
三三七	最新初等女學堂國文教科書	二册	莊俞著	光緒三十二年（一九〇六）十二月文振書局	涵目
三三八	南洋華僑：國文教科書	八册	莊俞等編	宣統二年（一九一〇）商務印書館	涵目
三三九	商工理財學	一册	作新社譯	光緒二十八年（一九〇二）作新社	涵目
三四〇	農政學	一册	作新社譯	光緒二十九年（一九〇三）七月作新社	涵目

續表

序號	書名	册數	著者/著述方式	版本	出處
三四一	地方制度要義	一册	日本美濃部達吉著　作新社譯	光緒二十九年（一九〇三）作新社	涵目、浙目
三四二	社會主義概評	一册	日本島田三郎著　作新社譯	光緒二十九年（一九〇三）作新社	涵目
三四三	新編礦物學教科書	一册	作新社	光緒三十一年（一九〇五）二月作新社	涵目
三四四	新編生理學教科書	一册	作新社譯	光緒三十二年（一九〇六）八月作新社	涵目

附录

一、書目出處全、簡稱對照表

書名全稱	書名簡稱
一八六七年以前來華基督教傳教士列傳及著作目録	偉目
江南製造總局翻譯西書事略	事略
益智書會書目	益智
西學書目答問	答問
增版東西學書録	書録
新學書目提要	提要
江南製造局記	局記
浙江藏書樓乙編書目	浙目
江南製造局書目提要	陳目
廣學會譯著新書總目	廣目

續表

書名全稱	書名簡稱
涵芬樓新書分類目録	涵目
江蘇省立第二圖書館書目續編、三編	蘇二
[吴馨修] 上海縣續志	續志
基督聖教出版各書書目彙纂	雷目
國立中山大學圖書館新編中文書目	中目
[王清穆修] 崇明縣志	崇志
譯書經眼録	經眼
晚清小説目	晚清
徐家匯藏書樓所藏古籍目録初編	徐樓
徐家匯藏書樓所藏天主教圖書目録稿初編	徐天
上海市歷史與建設博物館籌備處文獻目録	歷目
徐家匯藏書樓所藏基督教圖書目録初稿	徐基
中國近代現代叢書目録	近現代叢書
中國古籍總目	總目

二、藏館及電子書庫全、簡稱對照表

藏書單位全稱	藏書單位簡稱
中國國家圖書館	國圖
上海圖書館	上圖
復旦大學圖書館	復旦
華東師範大學圖書館	華東師大
同濟大學圖書館	同濟大學
上海師範大學圖書館	上海師大
上海辭書出版社圖書館	辭書出版社
上海市歷史博物館	上海歷博
蘇州大學圖書館	蘇州大學
常州市圖書館	常州

續表

藏書單位全稱	藏書單位簡稱
南京圖書館	南圖
南京大學圖書館	南大
南京師範大學圖書館	南師大
南京曉莊學院圖書館	南京曉莊
金陵圖書館	金陵
東臺市圖書館	東臺
鹽城市圖書館	鹽城
浙江圖書館	浙江
浙江大學圖書館	浙大
浙江師範大學圖書館	浙師大
首都圖書館	首都
北京大學圖書館	北大
清華大學圖書館	清華

續表

藏書單位全稱	藏書單位簡稱
中國人民大學圖書館	人大
北京師範大學圖書館	北師大
中國第一歷史檔案館	一檔館
中國藝術研究院音樂研究所	音樂研究所
天津圖書館	天津
天津博物館	津博
天津師範大學圖書館	天津師大
南開大學圖書館	南開
河南大學圖書館	河南大學
鄭州大學圖書館	鄭州大學
山東圖書館	山東
煙臺圖書館	煙臺
山東大學圖書館	山東大學

續表

藏書單位全稱	藏書單位簡稱
山西大學圖書館	山西大學
山西省圖書館	山西
武漢大學圖書館	武大
湖南圖書館	湖南
湖南省社會科學院圖書館	湖南社科院
四川省圖書館	四川
四川大學圖書館	川大
陝西省圖書館	陝西
西安交通大學圖書館	西安交通
貴州省圖書館	貴州
福建省圖書館	福建
廈門大學圖書館	廈大
中山大學圖書館	中山大學

續表

藏書單位全稱	藏書單位簡稱
黑龍江省圖書館	黑龍江
吉林大學圖書館	吉大
遼寧大學圖書館	遼大
青海省圖書館	青海
内蒙古大學圖書館	内蒙古大學
内蒙古自治區圖書館	内蒙古
新疆維吾爾自治區圖書館	新疆
澳門大學圖書館	澳門大學
臺北「中研院」傅斯年圖書館	傅斯年圖
輔仁大學圖書館	輔仁
臺灣大學圖書館	臺灣大學
東海大學圖書館	東海大學
中華耶穌會神哲學院圖書館	耶圖

續表

藏書單位全稱	藏書單位簡稱
美國哈佛大學哈佛燕京圖書館	美國哈佛燕京
美國加州大學柏克萊分校東亞館	柏克萊加州
美國聖經會圖書室	美經會
大英博物館	大英博物館
大英國聖經會圖書室（附設在劍橋大學圖書館）	英經會
牛津大學波德來圖書館（Bodleian Library）	牛津波德來
熱那亞奇約索尼東方美術館金楷理特藏	熱那亞
東京都立日比谷圖書館編《實藤文庫目録》	實藤
日本同志社大學	同志社大學
民國時期總書目·中小學教材	民目
孔夫子舊書網	孔網

主要參考文獻

（一）書目（按出版時間爲序）

Memorial of Protestant Missionaries to the Chinese by A. Wylie〔一〕　Shanghai　一八六七

經書總目　上海慈母堂鉛印本　一八八九，未見

益智書會書目〔二〕　傅蘭雅　一八九四

西學書目答問　趙惟熙編　貴陽學署刻本　一九〇一

中外時務新書叙録　宋樹基、蔡光照、閔概、黄熙曾合輯　會文學社　一九〇二

〔一〕 此處採用倪文君譯本：《一八六七年以前來華基督教傳教士列傳及著作目録》，廣西師範大學出版社，二〇一一。

〔二〕 即 Descriptive Catalogue and Price List of the Books, WallCharts, Maps etc., published or adopted by the Educational Association of China, Edited by John Fryer, 1894. 該書附載於傅蘭雅編輯的 Educational Directory of China (Shanghai, 1895) 之後，原文爲英文，此處採用的是王揚宗翻譯注釋本，載《近代科學在中國的傳播》。所收書目與《中國學塾會書目》基本相同。

增版東西學書録　徐維則輯、顧燮光補　會稽徐氏石印本　一九〇二
中國學塾會書目　美華書館擺印　一九〇三，未見
新學書目提要　沈兆禕編　上海通雅書局　一九〇三
圖書附江南製造局記卷二建置表學館後　魏允恭編　一九〇五
商務印書館出版書目　商務印書館　一九〇六
江南製造局譯書提要　翻譯館編　一九〇九
商務印書館書目提要　商務印書館　一九一〇
涵芬樓新書分類目録　商務印書館　一九一一
基督聖教出版各書書目彙纂　英國雷振華　漢口聖教書局　一九一八
協和書局圖書目録　上海四川北路總發行所發行　一九二二，未見
近代中算著述記　李儼著　一九二八
清代著述考　顧頡剛　一九二八
土山灣印書館書目　鉛印本　一九三一，未見
譯書經眼録　顧燮光編　杭州金佳石好樓石印本　一九三四
上海文獻展覽會概要　上海文獻展覽會編輯　一九三七
譯刊科學書籍考略　周昌壽　商務印書館　一九三七

上海中華基督教青年會圖書館藏書目録　三、四、五　一九四九
姚景憲先生事略附七慶堂全書總目附七慶堂全書文集篇目　金熙章　一九五一
全國翻譯圖書總目録（中華人民共和國成立以前）　中央人民政府出版總署編譯局編印　一九五五

一，未見

晚清戲曲小説目　阿英編　古典文學出版社　一九五七
徐家匯藏書樓所藏古籍目録初編　上海圖書館編印　一九五七
徐家匯藏書樓所藏天主教圖書目録稿初編　上海圖書館編　一九五八
近百年來中譯西書目録　國立中央圖書館編　一九五八
上海市歷史與建設博物館籌備處文獻目録　一九五八
南京大學圖書館中文舊籍分類目録初稿　南京大學圖書館編　一九五八
徐家匯藏書樓所藏基督教圖書目録初稿　上海圖書館編　一九五九
上海市歷史文獻圖書館藏書目録五編　上海歷史文獻圖書館編　一九五〇年代
清人文集別録　張舜徽　中華書局　一九六三
中國近代期刊篇目彙録　上海圖書館編　上海人民出版社　一九六五
中國近代現代叢書目録　上海圖書館　一九七九
中國兵書總目　劉申寧　國防大學出版社　一九九〇

中國通俗小説總目提要　江蘇省社會科學院明清小説研究中心編　一九九〇
民國時期總書目·中小學教材　北京圖書館、人民教育出版社圖書館合編　書目文獻出版社　一九九五
清史稿藝文志拾遺　王紹曾主編　中華書局　二〇〇〇
新編增補清末民初小説目録　［日］樽本照雄　齊魯書社　二〇〇二
西洋傳教士漢語方言學著作書目考述　游汝傑著　黑龍江教育出版社　二〇〇二
北京師範大學圖書館館藏師範學校及中小學教科書書目：清末至 1949　吴艷蘭編　北京師範大學出版社　二〇〇二
中國古代小説總目白話卷　石昌渝主編　二〇〇四
蘇州民國藝文志　張耘田、陳巍主編　廣陵書社　二〇〇五
晚清營業書目　周振鶴　上海書店出版社　二〇〇五
晚清小説目録　劉永文　上海古籍出版社　二〇〇八
明清以來公藏書目彙刊　北京圖書館出版社　二〇〇八
清末民初小説版本經眼録　付建舟　上海遠東出版社　二〇一〇
中國古籍總目子部新學類　天津圖書館編　中華書局　上海古籍出版社　二〇一〇
1877 年版大英博物館館藏中文刻本、寫本、繪本目録　［英］道格拉斯編　西南師範出版社　二〇一〇

中國近代中小學教科書總目　王有朋編　上海辭書出版社　二〇一〇
吴江藝文志　董振聲、潘麗敏主編，國家圖書館出版社　二〇一一
近代漢譯西學書目提要：明末至1919　張曉　北京大學出版社　二〇一二
晚清稀見小説經眼録　習斌　上海遠東出版社　二〇一二
清末民初小説版本經眼録二集　付建舟　浙江工商大學出版社　二〇一三
清末民初小説版本經眼録三集　付建舟　中國社會科學出版社　二〇一三
上海文學志稿　朱文華、許道明主編　上海社會科學出版社　二〇一四
漢譯日文圖書總書目　田雁主編　社會科學文獻出版社　二〇一五

（二）電子數據庫（單一藏館的館藏機讀目録不再一一列出）

全國古籍普查登記基本數據庫：
http：//202.96.31.78：8585/xlsworkbench/publish
中國古籍總目検索システム：
http：//www.kaixi.jp：8082/phpexcel/search.php
高校古文獻資料庫（學苑汲古）：
http：//rbsc.calis.edu.cn：8086/aopac/jsp/indexXyjg.jsp

北京師範大學圖書館館藏解放前師範學校及中小學教科書全文庫：
http：// digi2. lib. bnu. edu. cn：8080/ digilib/ search？channelid＝40816
The Chinese Christian Texts Database（CCT-Database）：
http：// www2. arts. kuleuven. be/ info/ eng/ OE-sinologie/ CCT
日本所藏中文古籍數據庫（全國漢籍データベース）：
http：// www. kanji. zinbun. kyoto-u. ac. jp/ kanseki/

圖書在版編目(CIP)數據

上海歷代著述總目:全8册/賀聖遂,錢振民主編. —上海:復旦大學出版社,2025.6
ISBN 978-7-309-16081-9

Ⅰ.①上… Ⅱ.①賀…②錢… Ⅲ.①古籍-圖書目録-上海 Ⅳ.①Z838

中國版本圖書館CIP數據核字(2021)第268490號

上海歷代著述總目(全8册)
賀聖遂　錢振民　主編
出 品 人/嚴　峰
責任編輯/杜怡順　顧　雷
裝幀設計/葉霜紅

復旦大學出版社有限公司出版發行
上海市國權路579號　郵編:200433
網址:fupnet@fudanpress.com　http://www.fudanpress.com
門市零售:86-21-65102580　團體訂購:86-21-65104505
出版部電話:86-21-65642845
江陰市機關印刷服務有限公司

開本890毫米×1240毫米　1/32　印張148.125　字數3413千字
2025年6月第1版
2025年6月第1版第1次印刷

ISBN 978-7-309-16081-9/Z·108
定價:980.00元